十九大接班人
缺位之謎

作者／王淨文　季達

目錄

第一章

十九大召開內幕

中共十九大敏感期，天降異象，安保森嚴之下仍有突發狀況，會場亂象頻發，突顯中共政權風雨飄搖。中共高層在十九大上營造團結假象，但會議期間釋放的敏感政治信號密集，近20名高官高危，十九大之後的政治風暴已若隱若現。

中共十九大表面團結，背後有怎樣的妥協？（AFP）

第一節

兩大狀況 四大亂象 七大信號

為了讓十九大期間北京出現藍天，中共費盡心思，未料開幕日秋雨、陰霾籠罩不去，直到 2017 年 10 月 21 日北京仍處於大霧橙色預警中。（AFP）

　　中共十九大敏感期，天降異象，安保森嚴之下仍有突發狀況，會場亂象頻發。中共高層在十九大上營造團結假象，但會議期間釋放的敏感政治信號密集，近 20 名高官高危，十九大之後的政治風暴已若隱若現。

天降異象

1.「十九大藍」無影 北京陰霾不散

　　為了在中共十九大開幕時，讓北京藍天再現，中共當局 2017 年 8 月便已展開環保督察行動，並於北京市內派駐督察，對周邊地區的鋼鐵及水泥生產中心進行額外檢查，引發民怨沸騰。

　　然而，10 月 18 日，中共十九大召開首日，北京竟下著連綿秋雨兼有陰霾。

第二天，北京市氣象台發布大霧橙色預警，全市能見度僅有200公尺。當天，空氣污染指數超過150，其中位於東四環的監測站，相關數值更達161，最嚴重的污染物為PM2.5。

到10月21日，北京仍處於大霧橙色預警中。

2.「雙星伴月」罕見天象 示「無德者亡」

中共十九大開幕前夜，10月17日晚上及18日清晨，大陸天空上演「雙星伴月」異象。在月亮上方不遠處有兩顆明星相伴。其中紅色的是火星、銀白色的是金星。從地球上看，三者組成一張「笑臉」。

歷史記載：「雙星伴月，無德者亡！」《荊州占》曰：「二星若合，其國有兵，改立侯王，有德者興，無德者亡。」

在中華傳統古書中，金星，被稱為太白金星、長庚星等，有著重要的天象地位。如果金星在特殊時間或區域出現，將預示社會局勢的巨變。《漢書・天文志》記載：「太白經天，乃天下革，民更王。」

「雙星伴月」的另一顆星是火星，由於其亮度與位置變換不定，古人稱其為「熒惑星」，有「熒熒火光，離離亂惑」之意。在中國古代，火星象徵殘、疾、喪、飢、兵等惡象。「熒惑星」出現，是變天之兆。

突發異常狀況

1. 十九大前一日 網傳一男子在京自焚視頻

十九大召開前一日，10月17日，網路上傳出一男子在北京

西單商業街自焚的視頻。視頻顯示一名頭部被火包圍的男子向馬路中間走，走沒幾步就倒在地上，雙腿不停地掙扎著，過路的行人則若無其事，無一人上前施救。

現場圖片還顯示，隨後多名黑衣警察圍著躺在地上的自焚男子。

但相關消息被封鎖，未見大陸媒體報導。

2. 十九大前夜 傳天津槍擊案驚動中南海

據海外中文媒體報導，10 月 17 日晚上，一名槍手在天津濱海新區槍殺目標，隨後駕車迅速逃離。事件驚動中南海，所有相關消息被封殺。

據稱，北京當局緊急下令公安部相關高層連夜趕赴天津，進行現場指揮。

會場亂象

1. 禁媒體直播 記者入會場需過七關

十九大在陰霾壓城、恐怖「維穩」的氣氛中，於 10 月 18 日開幕，安檢措施比以往更嚴，採訪記者須先通過已封閉清場的天安門廣場，再通過七道關卡，方能進入大會堂。

中共怕內部醜態曝光，禁止媒體帶直播設備進入會場，手機自拍也被禁止，只安排了統一的現場直播。

香港《明報》報導，中共讓媒體統一接收中共央視訊號，是否擔心「傳媒拍到醜態」？文章還配了一張中共前黨魁江澤民在十七大上色迷迷緊盯女服務的照片。

2. 102 歲前北京市長焦若愚在開幕半小時後被帶出會場

作為十九大大會主席團成員，102 歲的前北京市長焦若愚早上坐著輪椅，由工作人員推進會場，他被安排坐到了主席台的最後一排。

不過，他在會議進行到半小時後，可能是因身體狀況原因，被帶出會場。

3. 習近平作報告 劉雲山帶頭睡覺

10 月 18 日，習近平作工作報告時，坐在主席台前排的中共常委劉雲山、中共前黨魁江澤民等，表情呆呆的一動不動，似乎進入短暫夢鄉。在他們的「帶頭」下，會場的不少代表也紛紛打起瞌睡。

4. 廈門衛視不播十九大開幕 網傳遭整改

10 月 18 日上午，十九大開幕，大陸各地官方電視台幾乎都在直播十九大開幕畫面，可謂「幾千個電視台千屏同鏡」，但有網民發現，唯獨廈門衛視在播卡通片，引起熱議。網傳廈門衛視隨後收到整改通知。

七大政治信號 近 20 高官高危

1. 十九大開幕式 胡習熱情互動冷落江澤民

10 月 18 日，十九大開幕式上，直播畫面顯示，習近平帶領主席團成員入場時，排在其後的江澤民，被習近平的身影遮擋，

幾乎只看到半個頭。

江澤民被兩人「架」進會場，落座困難；身處旁邊的習近平，對這一幕扭臉斜視。

習近平宣讀完十九大工作報告後，回到座位，先和右手邊的胡錦濤握手，攝影機鏡頭一直對著他們轉播，給予定格式的大特寫。習然後才和左邊的江澤民握手，但江的畫面完全被攝影師遮擋住看不見人。

習坐下後又側身和胡錦濤繼續談笑風生，全程沒有出現習近平與江澤民交流的畫面。

另外，在習近平做工作報告期間，開始五分鐘內，江沒閉眼，三次望向右邊的胡錦濤，但胡未給予眼神回應。直播畫面顯示，胡錦濤與江澤民全程無任何互動。

在十九大開幕式這一國際關注的政治敏感場合，習近平與胡錦濤熱情互動，再度展示二人政治聯盟關係；二人同時冷落江澤民，將習陣營與江澤民集團的分裂公開化。

2. 江澤民排名退後 江核心公開被廢

十九大上，江澤民的排名僅位列 24 名現任中共政治局委員之後。而五年前，在十八大的排名中，江澤民排名僅次於尚未卸任的胡錦濤。從江的排名觀之，其影響力已大不如前。

10 月 18 日上午，習近平在報告中提出了「新時代」的概念。中共黨媒隨後解讀稱，基於「新時代」的判斷，也應該有「新理論」。文章將「習思想」比肩毛、鄧，而江的「三個代表」降格為鄧理論的附庸。

官媒的解讀文章形同公開廢除了「江核心」，而代之以「習

核心」。

3. 習近平釋繼續打虎信號 央視切換江澤民特寫鏡頭

10月18日，習近平在工作報告中強調，「全面從嚴治黨永遠在路上」，「要奪取反腐敗鬥爭壓倒性勝利」，釋放十九大之後繼續打虎的信號。

其中，習近平說道：「全面從嚴治黨永遠在路上。一個政黨，一個政權，其前途命運取決於人心向背。人民群眾反對什麼，痛恨什麼，我們就要防範和糾正什麼。」

當習近平說到這一段的最後一句話時，央視直播畫面切換到中共前黨魁的江澤民的特寫鏡頭。央視這一明顯的影射，意味釋放的政治信號強烈。

而且，習近平這一段中的三句話，分別被大陸官媒和門戶網站用作標題，突出報導、轉載。10月19日，習近平參加貴州代表團討論時，又表示：「全面從嚴治黨永遠在路上，不能有見好就收的想法。」

另外，習近平在工作報告結尾這樣表述：「站立在960多萬平方公里的廣袤土地上……」台灣媒體說，很多人漏看了一個關鍵字「多」，在讀到報告結尾時，習近平先是念「960萬」，然後稍作停頓，重念「960多萬平方公里」，這不是習近平的錯漏，而是刻意之舉。

這不免令人想到習近平在8月1日中共建軍90周年大會上的講話：「絕不允許任何人、任何組織、任何政黨，在任何時候、以任何形式、把任何一塊中國領土從中國分裂出去。」

江澤民出賣國土的罪行近年來已被大白於天下，單計他在

1999 年出賣給俄羅斯的土地面積就相當於東北三省面積的總和，他也因此被民間稱為「最大賣國賊」。習近平這裡加個多字，可能暗示要收回被江澤民出賣的國土。

4. 陳敏爾接棒劉士余爆料 暗指「六人幫」政變後台

據港媒報導，證監會主席劉士余 10 月 19 日出席十九大中央金融系統代表團會議時，提及過去五年，習中央特別查處薄熙來、周永康、令計劃、徐才厚、郭伯雄、孫政才。這些人在黨內位高權重，既巨貪又巨腐，又陰謀篡黨奪權，案件令人不寒而慄。

當天，重慶代表團對媒體開放。被問到孫政才案和「薄、王遺毒」時，重慶市委書記陳敏爾強調：「因為這兩者在政治上有共同性，我們要一起加以清理、清除。」「政治上有共同性」，這不僅佐證了孫政才陰謀政變，還暗示孫和薄有共同的後台——江澤民和曾慶紅。

5. 習成立「依法治國領導小組」兩名政法高官出狀況

10 月 18 日，習近平在工作報告中表示要加強「對法治中國建設的統一領導」，加強憲法實施和監督，宣布將成立「中央全面依法治國領導小組」。這意味著習十九大後親自掌控政法系統。

當天，主席團常務委員會 42 人，到場 41 人，在 15 名前任常委中，只有 82 歲的前政法委書記羅干未出席，引發外界關注、猜測。

18 日下午，中共最高法院院長周強在上海代表團露面，討論習所做的報告。上海東方電視台的報導罕見打破慣例。

鏡頭顯示，韓正講完話後，出現的是部級官員應勇，其後才

是副國級高官周強和其他人的發言。十分多的報導中，韓正占了五分多鐘，應勇占了近五分鐘，而周強和其他人每人只有幾秒鐘，感覺就是一帶而過。

在此之前，10 月 14 日，十八屆七中全會通報顯示，吳愛英、孫政才等 12 名中共中央委員因「嚴重違紀問題」被開除黨籍，這是當局首次公開江澤民馬仔、前司法部長吳愛英落馬的消息。

習近平成立「依法治國領導小組」之際，前司法部長吳愛英落馬、最高法院院長周強被降格報導、前政法委書記羅干缺席十九大開幕式。政法高官接連出事、出狀況，新一輪清洗大風暴已若隱若現。

6. 江派四名副國級高官被趕下十九大主席台

中共十八大時坐上主席台的江派大員中，前政治局委員、國務院副總理回良玉、前新疆書記王樂泉、前北京書記劉淇，以及前人大副委員長王兆國等，從十九大主席團名單中消失。

這四人在中共十七大、十八大上都曾坐在主席台第一排。他們都是中共副國級以上高官。這四名江派大員現在同時從十九大主席團名單中消失，引發外界關注。

此前，回良玉、劉淇等人被內部調查、約談的消息不斷流傳；劉淇家族、王兆國家族的醜聞被大量曝光。

王樂泉曾長期主政江派窩點新疆，以鐵腕手段治疆，被指是新疆亂象的製造者。新疆發生「7‧5 事件」後第二年，2010 年 4 月 24 日，王樂泉被免去新疆黨委書記，調任中共政法委副書記。

7. 十名高官被查未公布 七名代表被火線剔除

10月19日上午，十九大新聞記者招待會上，中紀委副書記、監察部長楊曉渡通報，中共十八大後，共立案審查省軍級以上官員及其他中管幹部440人，其中中央委員、候補中央委員有43人，中紀委委員有9人。

目前僅有18名中央委員、17名中央候補委員、9名中紀委委員的落馬消息經過官方管道公布。這也意味著，還有8名中央委員、2名中紀委委員已被調查，但尚未對外公開。

港媒報導，被查但未公開的中委和候補中委，包括中央軍委聯合參謀部原參謀長房峰輝、中央軍委政治工作部原主任張陽，以及四名被「跳過」而未遞補的候補中委：重慶人大副主任劉學普、東風汽車公司董事長竺延風、空軍副司令鄭群良中將、雲南宣傳部長趙金。

在當天的記者招待會上，中共中組部副部長齊玉還表示，十九大代表名單公布後，發現七人有不適宜作為代表的問題，經中央批准後「拿掉」，最終確認2280名代表資格有效。

通過比對各地代表團人數變化發現，缺席的七名代表中，三人應來自上海代表團、一人來自山東代表團、二人來自河北代表團，剩下一人不詳。

中共十九大敏感期，習近平與胡錦濤展示政治聯盟、聯手對陣江澤民，釋放十九大之後繼續打「虎」的信號。與此同時，江派兩名國級政法高官出狀況，四名副國級高官無緣主席團名單，七名黨代表被火線剔除，十名高官被查未公布。

習當局連番動作震懾江派官員的同時，已為十九大之後打虎埋下伏筆。被立案審查的中央委員，乃至更高級別的國級「老虎」很可能在十九大之後陸續被拋出。

第二節

十九大內幕：內鬥激烈

2017 年 10 月 25 日，
習近平等十九屆新常
委露面。（AFP）

　　2017 年 10 月 25 日，中共十九屆新常委出爐：習近平、李克強、栗戰書、汪洋、王滬寧、趙樂際、韓正。

　　相比五年前王立軍事件後全球關注的十八大換人，這次十九大不牽扯最高領導人換位，而且習近平通過各種領導小組基本上把各方面權力掌控在手，特別是軍改後在六中全會確立了「習核心」，外界一直預測十九大會完全按照習的意願確定新的常委，不過等十九大一中全會開完後，人們發現，對新常委的預測，幾乎所有媒體幾年來都有所偏差。

　　究其原因，《新紀元》周刊獲悉，「這次內鬥得很激烈」，主要體現在常委名單上，不過也不排除習近平順勢而為，借力打力的將計就計，最後結果還是對習有利。

換人比例大 政治老人現身

中共十九大主席團共由 243 人組成，跟十八大（2012 年）的主席團名單（共 247 人）相比，十八大留在十九大主席團的只有 117 人，接近一半的人被替換掉。

主席團常務委員會由習近平等 42 人組成，分別包括 24 名現任政治局委員、15 名前任委員，以及 3 名中央書記處書記。其中有新人 12 人，約占常務委員會的三成。而這新上來的 12 人，是替代了落馬被查的高官，可見最高層落馬比例很高。

人們注意到在主席團常務委員會名單中，江澤民的排名明顯有變化，十八大時已退休的江澤民的排名僅次於未卸任的胡錦濤，而這次習近平將其排在了 24 名現任政治局委員之後。

十九大開幕當天，中共「政治老人」們傾巢而出，出現在主席台上。很多評論認為，這是習近平讓這些老人替自己的權威背書，他們的到場表達了對習的支持，是為習站台。也有分析說，這可能是習無法擺脫「政治老人」的影響，由於各派的壓力，不得不讓他們傾巢出動。

時事評論員陳破空分析說，還有第三種可能性是為了掩蓋共產黨的大危機——分裂的危機。但是從十八大以來，中共已經整體分裂了，「政治老人」和現任領導集體進行殊死搏鬥，各派惡鬥，尤其是習派和江派的殊死鬥爭，這在過去五年看得很清楚。陳破空說，十八大時，郭伯雄、徐才厚離秦城監獄只有半步的距離，還出現在主席台上。所以十九大後，不能排除現在出現在主席台上的人有多少會被送進秦城監獄。

有意思的是，一直與中共叫板，並被預測會在十九大期間攪

局的北韓金正恩，在 10 月 18 日居然發來了賀電，稱讚中共取得的「成就」，並表示對十九大開幕感到「極度欣喜」，還「誠摯地祝願」大會「成功」。儘管賀電中未如以往提及中共最高黨魁的名字，但金正恩沒有發射飛毛腿導彈，這令北京大大鬆了一口氣，因為中共沒有韓國薩德那樣的反導彈防禦系統，這次還把美國航母雷根號請到了黃海，名為與韓國舉行軍事演習，實則是為了護衛十九大。

有評論認為，金正恩背後有江派人馬的攪局，這次金正恩的「退讓」，是否也與習近平對江派人馬的妥協有關聯呢？

王岐山離開黨中央 或有政府高位

10 月 24 日，十九大選出新一屆 204 人的中央委員會，當中 71 人由上屆中委會留任，然而不見王岐山的名字。在中紀委委員名單中，也沒有他。由此可以確定，王岐山不會繼續留在「黨中央」了。

人們發現，按照「七上八下」那個潛規則超齡的人都下了，包括王岐山、劉雲山、張高麗，張德江、俞正聲五名上屆政治局常委，以及中央軍委副主席范長龍、國務委員劉延東和馬凱、政法委書記孟建柱，亦不在中央名單中。上屆政治局委員、國家副主席李源潮，因與令計劃關係密切，不到退休年齡也下了。

不過，王岐山離開「黨中央」，並不意味著他將離開政府高位。《新紀元》周刊在上一期文章《十九大未結束的博弈 王岐山新頭銜明年兩會確定》裡分析，十九大前夕，中紀委八次全會出現種種反常現象，隱現被降格的徵兆。中紀委與國家監察委的政

治角色和地位的切換令人關注。十九大之後，王岐山仕途最終去向可能要到五個月後、明年兩會時才能最終明確。

屆時王岐山可能出任國家監察委負責人，成為中共政治局七名常委之外的「第八號常委」，也可能擔任副總理，重新回去搞他的金融經濟老本行，也有的說他可能接替李源潮，擔任國家副主席，並列席常委會議，或在由習近平任主席的中共中央國家安全委員會擔任要職。

獨立時評人士章立凡10月23日對美國之音說，從中共體制上來看，如果給王岐山安排一個正國級的職務並不是沒有先例。因為鄧小平退休以後，以普通的身分擔任了中共中央軍委主席。他說，在安排上不會讓王岐山太難看，畢竟這五年，在鞏固習近平的地位來講，立下了「汗馬功勞」。也給黨內其他人看一個先例，如果有忠心，就一定會有一個好的結果。

《新紀元》周刊在2016年8月獨家分析了王岐山將出任國家監察委主任，中共可能會把以前學自蘇聯的「一府兩院」行政體制，變成類似於中華民國的「五院體制」（立法、行政、監察、司法，但沒有考試院）那樣的國家體制。監察委不會隸屬國務院，而是形式上由全國人大賦權，實際上對總書記負責。

外界一直評論說，由於反腐樹敵太多，王岐山與習近平是「一榮俱榮，一毀俱毀」。7月24日，王岐山拿下江派接班人孫政才之後兩天，7月26日，習近平召開了一個300多人的高層祕密會議，桌上沒有紙、沒有筆、連水杯都沒有。據台灣媒體報導，習近平提出了「四個不惜代價」，其中一個就是不惜代價保護黨的高級幹部。當時王岐山面臨江派在海外的爆料攻擊，習近平要力保王岐山入常。

然而在 9 月 5 日，官方報導了王岐山首次以中央巡視組組長的名義在湖南視察，隨行的中組部長趙樂際的頭銜是中央巡視組副組長，也就是說，那時就埋下了趙樂際接班王岐山的伏筆。

從 7 月底到 9 月初，王岐山不入常的決定，很可能是在北戴河上決定的。可能江派竭力反對，習近平就順勢把王岐山內定為國家監察委的負責人，反正黨務系統的中紀委最後都要歸到監察委管理。

趙樂際：最年輕的省長和書記

這次趙樂際某種意義上是入常的黑馬，在 10 月之前的各路競猜名單中鮮見他的名字出現。不過隨著 10 月份最終時刻的來臨，趙樂際終於浮出水面。

人們發現，從未在紀檢系統任職的趙樂際同時出現在中央委員和中紀委名單中。基於他目前政治局委員的身分，絕不可能降級出任中紀委副書記，這顯示他將極可能出任中紀委書記，並躋身新一屆中央政治局常委。過去五年主掌人事大權的趙樂際「轉崗」負責監察自己提拔的官員，這也算順理成章。

據台灣《中央日報》報導，1957 年 3 月出生於青海西寧的趙樂際，祖籍陝西西安，當官多年但不會普通話，講話都是滿口陝西話。他是官二代，父親是青海省商業廳副廳長，下鄉一年後就返回到父親單位，擔任收發兼通訊員，並 1977 年 2 月被推薦入北京大學哲學系當工農兵大學生。

畢業後他回到青海省商業學校當教師，1983 年 11 月，26 歲的趙樂際進入父親的青海省商業廳，出任政治處副主任兼廳團委

書記。兩年後，他進入青海省五金交電化工公司擔任黨委書記，後來又兼任經理。1986 年 4 月，趙樂際回到商業廳擔任副廳長，接父親的班，並在五年後升任商業廳長。

1993 年 2 月，年僅 36 歲的趙樂際出任青海省長助理，一年後，擔任青海省副省長，晉升至副省部級職務。他在 40 歲那年擔任青海省西寧市委書記。

1997 年趙樂際被選為中共 15 屆中央委員；1999 年他以 42 歲的年齡，出任青海省代省長，成為當時中國大陸最年輕的省長。2002 年中共十六大後，升任青海省委書記，成為當時最年輕的省委書記。2007 年中共十七大前，趙樂際調至陝西擔任省委書記，取得省際交流經驗。

據說胡錦濤、習近平都看好趙樂際，十八大後提升為考察提拔幹部的中組部長，不過也有分析說，從他發跡的過程和地點來看，他也帶有江派色彩。到底如何，還得看他日後的作為。

習：不能有鬆氣、歇腳的想法

王岐山離開中紀委後，打虎會如何進行呢？10 月 19 日上午，在十九大的貴州分組會上，習近平稱，反腐永遠在路上，不能有差不多了、該鬆口氣、歇歇腳的想法，不能有打好一仗就一勞永逸的想法，不能有初見成效就見好就收的想法。

同一天，中紀委副書記楊曉渡在十九大的第一場記者招待會上，承認過去存在「寬軟鬆」時期。他稱：「確實曾經出現過一段『寬鬆軟』的時期，讓孫政才、蘇榮、王珉、周本順這樣的腐敗分子，這樣偽裝的『兩面人』有了可乘之機。」

　　楊曉渡稱，十八大以來，立案審查省軍級以上黨員幹部及其他中管幹部有 440 人，包括中央委員、候補委員 43 人、中央紀委委員 9 人。過去五年來，被立案調查的個案有 154.5 萬宗，被處理的人達 153.7 萬，其中 5.8 萬人被移送法辦。

　　江澤民在位期間，把中共內部的腐敗發展成為制度性、系統性和公開性的腐敗。習近平上任後，反腐查處的腐敗省部級高官比中共建政後前四代領導人查獲的總和還要多。也就是，只要江澤民這個「腐敗總教練」不被抓，反腐永遠在路上。

　　江派這些人不光貪腐，他們還搞政變，「陰謀篡黨奪權」。

　　這是習近平的另一心腹、證監會主席劉士余在十九大中央金融系統代表團小組會上的說法。他首次披露落馬的周永康、薄熙來、徐才厚、郭伯雄、令計劃、孫政才等六人既巨貪又巨腐，他們牽涉的案件是「陰謀篡黨奪權」。這是薄、周、令、孫等人首次被中共官員冠以「陰謀篡黨奪權」字眼。

　　江派死黨為何要搞政變推翻習近平呢？一方面是掩蓋他們的貪腐，不過在無官不貪的中共看來，這不是主要罪行，江派最想阻止胡錦濤、習近平幹的，就是清算江澤民集團對上億修煉「真、善、忍」的法輪功群眾所實施的血腥迫害。江澤民曾下令對法輪功要「名義上搞臭，經濟上搞垮，肉體上消滅」，還活摘法輪功學員器官，所犯下的反人類罪行，比希特勒還嚴重。因此國內國外都在呼籲後來的當權者，清算江澤民的罪行。面對這樣的譴責，江派血債幫哪怕搞政變也要拚死搶奪權力，以圖阻止對江澤民的審判。

王滬寧 臨門一腳充滿懸念

2017 年 2 月，《新紀元》出版社就出版了叢書 053《中南海政治化妝師 王滬寧》，預測他會進入十九大常委。

書籍封底簡介上說，王滬寧是誰？他是 1980 年代中國最年輕的教授，他是中共十六大主席台上坐在江澤民身後的那個人，「三個代表」就是他替江搞出來的。到了胡錦濤時代，胡身邊除了令計劃，就是王滬寧，「紅牆第一幕僚」給胡提出「科學發展觀」寫進了黨章；等到了習近平時代，王滬寧不但與栗戰書一起成為習的左膀右臂，還在「深化改革小組」充當祕書長，十九大進入政治局常委幾乎成定局，並為習近平在十九大後的政治布署造勢。本書收集了王滬寧的各類觀點，是研究中國未來的重要參考書。

書中還談到，跨越中共三代黨書記的御用文人，所謂「三代帝師」，是一個清心寡慾的男人，卻有著四次不尋常的婚姻巨變。王滬寧派系色彩較弱，易為各方勢力接受。今後中共改革如何走，王滬寧的觀點會起重要作用。

有趣的是，十九大期間發生了兩件事，似乎顯示王滬寧入常存在變數。一個是十九大開會時，王滬寧缺席所屬海南代表團會議，同時，外界留意到王滬寧的活動報導在中共官媒新華網中變成「空白」。最新「新活動報導集」中重要活動僅四項內容，只有一個陪習近平拜年的可以點開，其他都顯示「已刪除」狀態。不過這些插曲並沒能影響王滬寧入常。

另外，這次十九大報告執筆人不再是王滬寧，而是兩位新人：中央黨校副校長何毅亭和中紀委副書記李書磊，這也從一個側面

顯示王滬寧要高升了。

任中央全面深化改革小組主任的王滬寧，幾乎陪同了習近平的所有外訪活動，顯示習對他的器重。王滬寧的英文和法語都很不錯。不過他沒有任何執掌政府部委或擔任封疆大吏的履歷，但他將接替劉雲山掌握文宣、黨務，應該沒有問題。

韓正入常 延續慣例

此前很多媒體都沒有預測到韓正會入常，不過《新紀元》周刊在 2017 年 8 月的 546 期分析說，把江派韓正從上海調到北京擔任政協主席，一是調虎離山，讓習舊部應勇接管江派老巢，以便徹底整肅江派老窩，需要時就對喪失實權的韓正進行查處；二則也符合歷來對政治局常委資歷的要求；三也符合江派的心願。這樣安排的阻力最小，最容易通過。

相比其他官員，韓正更傾向於技術型官員，他從 1998 年就擔任上海市副市長，20 多年都在上海，2007 年還是習近平的助手。另外，從中共歷史來看，上海市委書記出任政治局常委，是中共的一個老傳統，突顯上海的重要性。這次韓正接班張高麗，主管工業的副總理，也算突出了韓正搞經濟的特長。

新常委未來職務分工

將這次新常委出場順序對比十八大的出場順序，可以大概推測新常委在黨內和政府的相關職務：

習近平依舊是中共總書記和國家主席，總覽全域，主要負

責黨建、軍隊、外交、重大人事，按中共慣例，習近平還將繼續兼任中共中央直屬的多個小組組長。如中央全面深化改革領導小組、中央財經領導小組、中央外事國安工作領導小組等。

李克強依舊是中共國務院黨組書記和國務院總理，統籌政務，負責經濟、社會改革發展、經濟轉型、改善民生。李克強還兼任幾個小組副組長。如中央全面深化改革領導小組、中央財經領導小組、中共中央網絡安全和信息化領導小組。

新入常的栗戰書將接替張德江出任全國人大黨組書記，2018年3月兩會上出任全國人大委員長；他將負責人大、立法、法制建設，並兼任中央港澳工作協調小組組長。

汪洋將接替俞正聲任政協黨組書記，並在明年兩會上擔任政協主席；他將負責政協、民主、統一戰線，並兼任中央西藏工作協調小組組長、中央新疆工作協調小組組長、中央對台工作領導小組副組長。

王滬寧將接替劉雲山任中共書記處書記，負責意識形態、宣傳、思想文化；他將兼任中央全面深化改革領導小組副組長、中央宣傳思想工作領導小組組長、中央黨的建設工作領導小組組長、中央財經領導小組成員等。

趙樂際將接替王岐山出任中共中央紀委書記，負責紀檢、反腐敗、黨風、政法，並兼任中央巡視工作領導小組組長。

韓正將接替張高麗任國務院黨組副書記和國務院副總理，兼任中央全面深化改革領導小組副組長。

軍委二副主席 四委員

十九屆中央委員裡，軍方大約占兩成，絕大多數是新面孔，顯示高級將領已經大換血。

十九大閉幕也產生了新一屆中央軍委領導層，習近平繼續擔任軍委主席，軍委副主席方面，早前所傳的由「二變四」證實是假消息。中央軍委仍維持兩名副主席，但軍委委員則由「八變四」。范長龍屆齡退休，許其亮在本屆留任副主席，「大熱門」人選張又俠則升任軍委副主席，或將繼續一人主管軍事、一人主管政工人事的傳統。

新一屆中央軍委領導層架構共有七人，除習近平、許其亮、張又俠，軍委委員還包括火箭軍原司令員魏鳳和、新任聯合參謀部參謀長李作成、政治工作部主任苗華和紀律檢查委員會書記張升民。

中共十八屆中央軍委共十一人，除了軍委主席習近平不變、副主席之一的許其亮連任外，另外九名委員有七人退出軍委，包括軍委副主席范長龍、國防部長常萬全，及已經卸任的軍委後勤保障部長趙克石、海軍司令員吳勝利、空軍司令員馬曉天、聯合參謀部參謀長房峰輝和軍委政治工作部主任張陽。

無主席制 習思想進黨章

十九大召開前，外界認為習近平可能在本次大會上改制，將中共總書記制改為中共主席制，不過《新紀元》周刊在 2017 年 9 月 28 日出刊的文章中獨家報導說，「內定不搞主席制，十九大

頂層設計」，這次習近平為了避免黨內負面看法，依舊沿用了中共總書記的頭銜。

不過，習近平思想真的進入了黨章。如《新紀元》周刊預測的那樣，在表述上沒有學「毛澤東思想」那樣寫成「習近平思想」，而是加了很多定語，來弱化習近平的個人色彩：十九大關於《中共黨章（修正案）》的決議，把「習近平新時代中國特色社會主義思想」寫入黨章。

外媒評論說，這表明習近平已成為繼毛澤東之後中共最有權力的領導人。「習思想」的誕生，證實了習近平現在享有罕見的權力和聲望。他在政治鬥爭中積累了權力和合法性、權威性。

政論家胡平表示，習不僅僅超過了江和胡，而且可以比肩毛和鄧。其實習比鄧還進了一步，因為「鄧小平理論」是在鄧去世之後寫進黨章的。而習是在其第二任期的時候、在位的時候就把其思想寫進黨章了。此前，只有毛達到這個地步。因為習近平的想法就是習思想，那麼誰要反對他的指示，反對他的主張，就是在反對黨章、反黨。這對日後習近平清洗政敵非常有利。

人們注意到，原被視為熱門人選的廣東省委書記胡春華和重慶市委書記陳敏爾兩名「60後」高官，本屆都沒入常，比習小十歲的胡春華和小七歲的陳敏爾的出局，意味著習近平不想定接班人。《新紀元》周刊此前報導過，不立接班人，五年後習有機會打破政治規矩，尋求連任。

25 人政治局 新人多

十九屆還公布了政治局 25 人名單：丁薛祥、習近平、王晨、

王滬寧、劉鶴、許其亮、孫春蘭（女）、李希、李強、李克強、李鴻忠、楊潔篪、楊曉渡、汪洋、張又俠、陳希、陳全國、陳敏爾、趙樂際、胡春華、栗戰書、郭聲琨、黃坤明、韓正、蔡奇。

除七名常委外，18 名委員包括許其亮、張又俠為中央軍委副主席；丁薛祥應接替栗戰書任中辦主任；劉鶴應接替王滬寧任中央政策研究室主任；陳希應接替趙樂際任中組部長；黃坤明將任中宣部長；王晨任人大常委會副委員長，取代李建國；郭聲琨接替孟建柱任政法委書記。

讓人吃驚的是，孫春蘭和楊曉渡進入了政治局。現任統戰部長孫春蘭，是政治局唯一的女性，她應如當年 68 歲的劉延東一樣出任國務委員兼副總理；國務委員楊潔篪也可能升任國務院副總理。而現任中紀委副書記且有過任地方統戰部長經歷的楊曉渡，極有可能接替孫春蘭的部長職務。

在折騰很久後，十九大終於塵埃落定，不過，這只是逗號，更多劇情將不斷上演。

十九大接班人缺位之謎

第二章

特殊的十九大報告

十九大上，習近平提出「中國社會主要矛盾」已轉變為民眾「日益增長的美好生活需要和不平衡不充分的發展之間的矛盾」，巧妙公告三代表已過時，公開割裂江時期政策。習當局在十九大上首次公布周永康等六人涉陰謀篡黨奪權。

十九大上，習近平重新定義主要矛盾，整個大方向或將改變。中國行將結束江澤民時期創立的「中國模式」。（AFP）

第一節

習近平當江澤民的面
拋棄其政策

中共十九大上，習近平提出新的「社會主要矛盾」，當著江澤民的面拋棄其政策。（Getty Images）

在十九大會議召開前一天，黨媒公布新一屆主席團常委名單。儘管名單一如慣例，包括中共三代新舊常委班子，但表面的團結卻隱藏著背後的驚風密雨。

十九大習提出新的「社會主要矛盾」

習近平自中共十八大上台執政後，面對的是中共內部和中國社會的諸多危機，除政治、經濟外，還有食品安全、環境污染以及民間的維權抗暴。在十九大上，習警告說，因導致社會不滿的根源正在發生變化，因此需要有新的對策。

他說，「中國社會主要矛盾」已經轉變為民眾「日益增長的

美好生活需要和不平衡不充分的發展之間的矛盾」，一改過去 36 年來鄧、江、胡時期提出的民眾「日益增長的物質文化需要同落後的社會生產之間的矛盾」。

從使用術語來看，「美好生活需要」將從物質文化轉向包含「非物質」的需求。當局在其後的解讀認為，「美好生活需要」還有精神層面的、民主法制層面的、生態環境方面的需求等。

這個對矛盾的重新定義，被外界解讀為，巧妙地在中共內部公開割裂江時期的政策，而且還是在江澤民在場的情況下。

在 2016 年的十八屆六中全會上，習近平被確立為中共繼毛鄧之後的領導核心，就被外界認為，他會對江掌權時期對政府以及社會所產生的負面效應進行清算。

接下來，本文從鄧、江的政策導向來看習近平十九大報告的背景布局。

習修正鄧的「以經濟建設為中心」

鄧小平的所謂「中國特色社會主義」理論影響了大陸 30 多年。他認為毛澤東時代的「以階級鬥爭為綱」是當時國民經濟瀕臨崩潰和文革災難的主要原因，作為機會主義與實用主義者，鄧將中共工作重心轉移到「經濟建設」上。

為了維持文革浩劫後中共危機四伏的統治，鄧希望用資本主義的市場經濟來挽救社會主義。前中共中央文獻研究室室務委員高文謙說：「鄧小平最初推行改革開放只是一時的權宜之計，不過一旦踏上這條路，卻又欲罷不能，況且事關他本人的政治遺產，只好硬著頭皮走下去。」

他認為，鄧的這種出發點和心態，決定了其改革的搖擺性與不徹底性，同時扮演改革派和保守派的雙重角色，一方面大力推行經濟改革，另一方面頑固拒絕政治改革。

高文謙表示，鄧搞的實際上是中國特色的資本主義，但是因為中共政治是權力的組織，不同於西方的制度組織，但又要有西方的市場機制，最後就變成了經濟體制的跛腳改革，衍生了巨大的官僚腐敗。

時事評論員李林一說，習近平這五年掌權，提出的一些口號，如「五位一體」（經濟、政治、生態文明等）、「四個全面」（全面依法治國等），都是對當初中共「以經濟建設為中心」一定程度上的修正。

習終結江「三個代表」部分內容

江澤民的「三個代表」是鄧小平的「以經濟建設為中心」政策的延續，同時他本人也是啟動共產黨政權「貪腐治國」的禍首。

李林一說，江的「三個代表」包括，中共「要始終代表中國先進社會生產力的發展要求」。如果用大白話來說，就是中共可以是最富有的階層。在江掌權時期，放手讓「資本家」加入中共，也是基於這層考慮。而以前中共是排斥「資本家」的。

李林一還說，這樣就導致了大陸巨大的官商勾結現象。前面幾十年權力和資本結合在一起，瘋狂撈錢。而江澤民家族又帶頭貪腐，並對腐敗進行放縱，這就導致「三個代表」鼓勵了官商勾結，以及現在的種種亂象。

李林一認為，習近平重新定義「社會主要矛盾」，並清算貪

腐、提出政商關係要「清」、當官就不要發財、加強保護生態文明等等政策，實際是已經部分廢棄了「三個代表」理論。

此前報導指，江從 1989 年 6 月上台，到 2004 年 9 月辭去軍委主席職務，江把私有化、轉型中的中國經濟改革變成了官員放手腐敗的藉口和掩護，將國家資源以種種形式私有化，落入既得利益集團囊中。

這種改革不僅使中國失去了通過轉型恢復成為正常國家的機會，更是毀掉了保持國家正常秩序的社會基礎結構。

美國克萊蒙特・麥肯納學院教授裴敏欣 2012 年曾在英國廣播公司（BBC）上刊文《點評中國：中國做官訣竅的變化》，文中指出：在鄧時代，地方官員要升官有兩個途徑，一是通過政策冒險，經濟改革上敢打敢拚（比如趙紫陽以及習仲勛，後者為習近平的父親）；二是找靠山（主要搞好與保守派的高層領導之間的關係），通過建立個人私情積累政治資本。

到了 90 年代（江時代），決定官員升遷的最主要因素不是政績，而是個人關係，即政治靠山。裴敏欣指出政治學者的量化分析顯示地方的經濟表現指標，如財稅收入和國內經濟總值（GDP）增長，已不能解釋地方官員的提撥。他說：「盡靠 GDP 增長進京做官已不夠，政治靠山的相對作用就大了很多。」

那麼政治靠什麼？上行下效。「悶聲發大財」是江澤民治下最貼切的概括。2000 年，江在中南海被香港記者問及前香港特首董建華在 2002 年香港特首選舉中是否已經被「欽定」，江惱羞成怒大罵記者簡單、幼稚，並教唆道：「中國人有一句話叫『悶聲發大財』，我就什麼話也不用說了，這是最好的……」此言一出，令各界譁然。

經濟學家何清漣在 2004 年《中國現代化的陷阱》修訂本前言裡，引述一位深圳官員的話說：「我們沒辦法，身在衙門，不由自主。一個社會如果十個人中（有）七個做賊，剩下的三個也得跟著做，要不然你就會被真賊當作賊來抓，因為你不貪污腐敗，別的人心裡就不踏實。」

腐敗一度變成了官員晉身的投名狀，官員買官、賣官、索賄、受賄、官商勾結等貪腐行為遍地，而且蔓延到軍隊、司法、醫療、教育、體育、傳媒、國企等各個領域。

獨立評論員周曉輝表示，在江看來，「貪官治國」並不是壞事，一個人要讓別人對其效忠總要有些理由。因為江既無智慧，也未經過選舉，如果全部都任用清官，則會突顯其無能和貪腐。

他說：「貪官只是讓民憤很大，所以從聲望上，不可能對江帶來威脅。於是，江一路走來，一路提拔的皆是善於阿諛奉承之輩，而這些人個個是貪腐的高手。」

具諷刺意味的是，江也曾在各個場合大喊「反腐」，但其設立的監督貪腐機制形同虛設。在十九大會議上，中紀委副書記楊曉渡被提問，被查處高官（如孫政才、王珉、蘇榮和周本順，都是江、胡時期提拔的）的貪腐問題不是一天兩天，仍能得到升遷，「是否意味著對高級領導幹部的監管還是存在著盲區或者是漏洞？」

楊曉渡回答，確實曾出現過一段「寬鬆軟」時期，讓腐敗分子、這樣偽裝的「兩面人」有了可乘之機，能夠得逞於一時。當時就有分析認為，這是中紀委副書記親口承認江時期官員開始貪腐成性，但又不抓他們。

權力與資本一度聯姻 官商勾結

縱觀中國過去30年所謂「改革開放」取得的經濟積累,是大時代進步的必然結果。如果沒有江澤民的結黨干政,與企業家聯姻,中國社會的社會矛盾的尖銳程度不會那麼高。

江澤民的「三個代表」理論,鼓勵資本家入黨蔚為政治潮流,眾多民營企業家進入各級人大、政協。經濟學家何清漣指,中國社會儼然進入了「精英共和」的初級階段,中共人大成了富豪與官員的俱樂部;而在這個體系的各個層級上,都有當地官員與企業家串通合謀,發家致富。

2015年胡潤發布的中國富豪榜顯示,從1999年至2015年,17年間共有35名富豪出問題,其中京、滬最多。這些「問題富豪」主要因賄賂、貪污以及其他經濟犯罪,被判入獄或陷入法律糾紛,而集中在房地產和金融投資領域的富豪出問題最多。

當時的中共官場空前糜爛,從上至下瘋狂斂財成風,官越大越敢幹。比如曾慶紅家族和「明天系」前掌門人肖建華,後者被視為江澤民集團財富最大的「管家」、曾慶紅之子曾偉的「白手套」,當年曾以30多億元鯨吞738億資產的山東魯能。

又如周永康家族和四川最大民營企業漢龍集團前董事長劉漢,媒體報導指劉漢黑社會團伙的槍枝彈藥都是從政法委來的,周永康是劉漢的最大靠山,而劉漢也被稱為周永康在民間的一股「武裝力量」。

還有薄熙來家族和大連實德集團前董事長徐明;賈慶林家族和世紀金源集團董事局主席黃如論、遠華案主犯賴昌星;賀國強家族和北大集團的李友等等。

中國的經濟命脈，包括石油、電信、鐵道、金融等利益最豐厚的國企，大都掌控到江澤民以及親信的家族手中，如其子江綿恆，與江家幫班底曾慶紅、周永康、徐才厚、劉雲山等。

而江本人也是「悶聲發大財」的實踐者，其大公子江綿恆被指為「中國第一貪」。2001年5月，在香港舉行的「財富論壇」上，江澤民把江綿恆介紹給非富即貴的國際要人，特別是跨國公司的富豪們，以擴大江氏王國的實力。果然，在中國申奧成功的第二天，江綿恆就開始與這些外國富豪們簽下大筆訂單。此時江綿恆已經成了中共「官商一體」的最高代表。

近年來，轟動國際的中國多起重大貪污案，如「周正毅案」、「劉金寶案」、「黃菊前祕書王維工案」等，都涉及到天文數字的貪污受賄、侵吞公款，都與江綿恆有關。

外界認為，江氏家族貪腐所涉金額之巨難以估量。據《中國事務》2003年透露，江在瑞士銀行有3.5億美元的祕密帳號，還在印尼的峇里島有一棟豪宅。香港媒體披露，國際結算銀行2002年12月曾發現一筆20多億美金的巨額中國外流資金無人認領。之後中國銀行上海分行行長劉金寶在獄中招認，這筆錢是江在十六大前夕，為自己準備後路而轉移出去的。

利用改革開放的環境，江澤民集團在結黨營私、官商勾結、貪污腐敗、荒淫放縱上對中國社會的道德造成了嚴重腐蝕；並在片面發展經濟時對自然資源、生態和環境造成了嚴重破壞；而對法輪功修煉團體及其他無辜善良民眾進行的非法迫害，更徹底摧毀了中國的法制系統，導致大量冤假錯案叢生，民怨充斥中國社會，社會危機深重。

習重新定義和拋棄江政策

2012 年的中國已經是個十足的爛攤子，陷入經濟、道德、法制和生態的全面危機中。在習近平上任前，當年官媒用「擊鼓傳花」的說法，稱問題拖成了「歷史問題」，躲不開、繞不過，傳來傳去，終歸會爆發。因為胡錦濤的十年，外界視為處於被江澤民架空、政令出不了中南海的境地。

中共治下的中國隨時可能出問題，習到了非變不可、非改不可的地步。從其上任後三大舉措，也能看出在有意重新定義和糾正江時代的政策。

第一，提出把生態文明作為官員政績考核內容之一，改變官員升遷的指標。

自從 1992 年以來，中國粗放型的經濟發展基本靠的是招商引資，地方官員推動經濟增長的祕訣是土地財政、銀行貸款以及引進大項目，GDP 可以不顧民眾死活任意發展。在改變考核內容後，官員為仕途或個人榮譽必須考慮生態影響、關注民生。

第二，提出依法治國。

這次十九大報告中，提出成立「全面依法治國領導小組」。紐約獨立評論員夏小強表示，習近平在 2014 年 10 月中共四中全會上，選用主題「依法治國」，就是針對江澤民集團毀壞中國法制的現狀，用「依法治國」的手段，對江澤民集團進行清除行動。

中共黨內全面信仰危機潛流形成於「六四」以後的數年，至鄧小平去世（1997 年）幾近公開化。在全面信仰危機下，江澤民在 1999 年發動了對法輪功的鎮壓，以及在黨內大肆推銷「悶聲發財，別問政治」的個人信仰模式。

2015 年 5 月 1 日，最高法院、最高檢察院開始實施「有案必立、有訴必應」新規，也是為江澤民及其集團成員的罪行量身打造。法輪功受迫害問題是中共高層展開激烈政治博弈的核心原因，同時也是江氏無法逃脫的核心罪行。

第三，大幅反腐，杜絕拉關係、賄賂。

習近平自上任之初便發起中共歷史上規模最大的反腐行動。

有人指，在習、王（岐山）反腐下，各級官員已不太敢當面拿賄賂、索要回扣。而迄今為止，在打破「刑不上常委」的政治慣例，習王拿下周永康、孫政才、蘇榮、令計劃、郭伯雄、徐才厚等在內的逾 200 名高官，以及因腐敗倒下的 160 餘名將軍。

時事評論員石實表示，十九大上，習決定重新定義主要矛盾，整個大方向或將被他改變；同時報告中稱，將成立「中央全面依法治國領導小組」，加強「對法治中國建設的統一領導」，加強憲法實施和監督。

同時，習近平還在軍事、政商關係、教育、經濟等多個領域反轉江澤民政策。包括習啟動高校教育改革，用「雙一流」建設高校及建設學科代替江澤民時代的「211 工程」與「985 工程」。

在經濟領域，習改變江澤民政商規則，2017 年為保持外匯穩定，對數個民營企業富豪開刀，逼其資金回流，引發習江兩派激戰。而早在 2016 年中共「兩會」期間，習近平就提出「親」和「清」兩字的「新型政商關係」，被外界認為將改變江澤民時期的政商依附關係。

經濟學家何清漣 8 月撰文說，按照習近平的節奏，中國行將結束江澤民時期創立的「中國模式」。

第二節

十九大報告兩大關鍵點
習近平新文膽浮現

　　中共十九大在 2017 年 10 月 18 日如期召開。習近平罕見做了近三個半小時的三萬多字長篇發言。其中有兩個不同於以往的提法，引起海內外廣泛關注，即「中國特色社會主義進入了新時代」、「主要矛盾已經轉化為人民日益增長的美好生活需要和不平衡不充分的發展之間的矛盾」，因此要成立「中央全面依法治國領導小組」，加強「對法治中國建設的統一領導」。

　　公告鄧理論、三代表已經過時，以及設立「依法治國小組」將徹底清洗政法委，是習近平十九大報告的兩大關鍵點。報告主要執筆人何毅亭、李書磊，也走入群眾視線。

新華網刪除習「民主、正義」說

　　鄧小平上台後，1981 年召開的中共 11 屆六中全會通過《歷

史決議》，對中國社會主要矛盾做了規範的表述：「是人民日益增長的物質文化需要同落後的社會生產之間的矛盾。」之後30餘年，歷屆中共黨代會都沒有跑出這個提法，直至本屆習近平改變提法。

時事評論員石實認為，這是一個極大的變化。據此，中共今後各類政策都會變，當年鄧小平提出以經濟建設為中心，終結毛澤東的階級鬥爭政策，從而實行了改革開放政策。江澤民的三個代表，通俗點說，是鼓勵官商勾結，一起撈錢，也是建立在鄧的經濟建設基礎上的。江掌權時期放任各類腐敗，導致亂象叢生，社會矛盾激化。現在習近平重新定義這一切，整個大方向被他改變了。

值得關注的是，習近平解釋「主要矛盾」時較為罕見的說法「人民美好生活需要日益廣泛，不僅對物質文化生活提出了更高要求，而且在民主、法治、公平、正義、安全、環境等方面的要求日益增長」，中共喉舌新華社發布即時新聞中卻把習近平這段話「整段省略」，令人懷疑是否黨內有不同聲音。而新華社在十九大開幕前夕剛發表的英文社論中堅稱「中國式的民主」優於西方的民主。

「兩個關鍵點」分析

石實解讀「主要矛盾」轉變時說：習近平等於是在十九大上公告鄧理論、三代表已經過時。習成立各類小組，依據之一就在於現在中共定義的主要矛盾發生變化，以前那些不適用了。整個政策未來不會再一味強調經濟發展，經濟只是部分，其他包括法

治、生態、安全等都要跟上，因為「美好生活」需要的範疇很廣。

石實認為，但他仍要在馬克思主義的基礎上去做，不可能做成，因為早就沒人相信馬主義了。儘管他的出發點是想做點實事，但不解體中共，一切都是水中撈月。習的行為與他自己提出的目標也有矛盾，黨管得如此之嚴，何談「美好生活」？

第二個關鍵看點是，習近平在報告中稱，將成立「中央全面依法治國領導小組」，加強「對法治中國建設的統一領導」，加強憲法實施和監督。

對此，石實認為，設立「依法治國小組」，意味著將名正言順統領政法系統，徹底清洗政法委。這是第二次對政法委分權。第一次分權是設立國安委，打著國家安全的名字，把國安等部門的權力拿過來。成立這個「依法治國領導小組」就是把檢察院、法院，包括整個政法委徹底控制在自己手中。

政法系統一直沒有完全掌控在習近平手中，是外界普遍共識。如最高法院長周強曾聲稱堅決抵制西方憲政民主和司法獨立，引起海內外一致譴責。中共十九大前夕，前司法部長吳愛英落馬；十九大後，政法委書記孟建柱也會退休，江派人馬中的司法幹將周強、曹建明等人亦會被削權甚至被清洗。

習報告以「留置」廢「雙規」

據自由亞洲電台報導，習近平在十九大報告中提出，要制定國家監察法，組建國家、省、市、縣監察委員會，並與中共紀檢機關合署辦公，對所有行使公權力的公職人員實現監察全覆蓋；依法賦予監察委員會職責權限和調查手段，用留置取代「兩規」

措施。

　　路透社報導說，習近平沒有對「留置」予以詳述，目前尚無法清晰界定留置與雙規的區別。國際人權組織「人權觀察」2016年的一份報告曾指出，被雙規的官員，會被限制自由，短則數日，長達數月，期間他們不停地遭到審訊，並時常伴有酷刑。媒體的公開報導顯示，自 2000 年以來，有至少 11 人在被雙規期間死亡。

　　「人權觀察」中國部主任理查森（Sophie Richardson）說：「如果習的提案指的是被拘留者不受虐待、可以自由選擇律師，權利得到尊重，那麼這確實是向前邁出的重要一步。」「但如果他只是提出用一個（濫用）制度替代另一個濫用制度，那將是法律改革的一個挫折。」

　　所謂「雙規」，是中共令被調查者在規定時間、規定地點接受調查，就案件所涉及的問題作出說明，簡稱雙規。據《大紀元》報導，「雙規」實際是中共整治黨員的「家法」，適用範圍包括其 8800 萬黨員。這種懲治手段不受法律管轄，是中共內部私設公堂。

　　因「雙規」期間往往涉及酷刑，很多貪官一聽被「雙規」，就嚇得兩腿發軟。為防止官員外逃或自殺，「雙規」房間經特別裝修，牆面封海棉板等。被「雙規」過的原湖南寧遠縣工業園區管委會副主任肖疑飛說：「在裡面，你就像一個小小的螞蟻。誰都可以踩死你，碾死你。你沒有任何的自由，也沒有任何的希望。」

　　「人權觀察」2016 年 12 月發表了關於中共「雙規」的報告，該組織呼籲習近平當局廢除這種制度。大約在同一時間，王岐山承諾遏制濫用「雙規」權力，比如對訊問採取錄像等進行監控。

但這些措施是否得到執行，外界尚不清楚。

「人權觀察」稱，習近平提出的這種「留置」將成為新反腐機構——國家監察委員會手裡的最新權力。國家監察委將於 2018 年 3 月開始工作，將整合各政府部門的反腐權力，有權調查任何公職人員，包括政府官員、國營公司管理人員和公立學校管理人員。

根據中共官方解釋，「留置」受到法律制約，並要遵守法定程式，被「留置」者會得到足夠的食物和休息，「留置」期限不能超過三個月，經批准可以再延長三個月。

理查森說，如果沒有把被留置人的基本權利納入新的立法規定，那「留置」也就是一個「合法的雙規」，「仍會被濫用，也不可能成功地阻止腐敗。」

起草習近平報告兩文膽浮現

十九大會前，香港東網報導稱，每屆中共黨代會都會組織一個主題報告的起草小組，由中共政治局常委主管。十八大時由習近平負責，中央政策研究室主任王滬寧等人執筆；十九大由劉雲山負責，王滬寧參與協助，但主要執筆人卻是中央黨校常務副校長何毅亭、中紀委副書記李書磊等人。

目前看來，十八大後被習重用的何毅亭，十九大後接任中央政策研究室主任的可能性極高；53 歲的李書磊也前途看好。習近平自 2007 年成為中共政治局常委，一直兼任中央黨校校長到 2012 年成為中共新一代領導人。而上述二人是現任和曾任中央黨校副校長。

　　現年 65 歲的何毅亭，陝西漢中人，與習近平是老鄉，北京師範大學歷史系碩士，2009 年至 2013 年 9 月任中共中央政策研究室常務副主任，期間曾多次陪同習到各地調研，被認為是習的中南海智囊之一。

　　2013 年 7 月，何毅亭擔任中央政策研究室常務副主任時，在黨媒《光明日報》頭版連續發表一組九篇學習習近平系列重要講話的文章。人民出版社後把九文結集，以《學習習近平總書記重要講話》為書名正式出版，半年時間在全國發行 130 萬冊。2015 年底，何親任主編，編寫了《向黨中央看齊》一書。這是大陸第一部系統闡釋習近平關於「看齊意識」的讀物。

　　何毅亭 2013 年 9 月接任中央常務副校長一職，被外界認為是習近平架空江派常委劉雲山中央黨校校長權力的一個重要人事安排。任常務副校長後，習很多重要講話都被指出自其手，早前引發內地政壇轟動的有關《習近平總書記的成長之路》一文，據說就是何毅亭的手筆。

　　2017 年 8 月，中央黨校出版社出版發行了《習近平的七年知青歲月》一書並召開出版座談會。何毅亭在主持座談會時稱，迎接十九大召開的大背景下，出版《歲月》，意義非同尋常。何要求各級黨校把《歲月》作為必備教材，引導學員自覺忠誠核心、堅決維護核心，並號召中共黨校系統青年教職工學習習近平的艱苦奮鬥精神。

　　10 月 27 日，中共十八屆六中全會剛閉幕，中央黨校《學習時報》特約評論員的文章《論六中全會明確習近平總書記的核心地位》立即發表。何毅亭為此在答記者問時稱：明確習的核心地位，是時勢造英雄在當今中國的集中體現。處在一個中華民族比

歷史上任何時候都更接近實現偉大復興目標的「時勢」，迫切需要雄才大略的政治領袖。六中全會明確習的核心地位，叫做「實至名歸」。

何毅亭還歷數習近平在中國的西部、中部、東部地區都待過，農民、大學生、軍人、幹部都當過的豐富閱歷，稱習「這就是典型的厚積薄發，這就是典型的多年磨一劍！」

現為中共中紀委副書記的李書磊，1978 年 14 歲便考入北京大學圖書館學系；21 歲獲北大中文系當代文學專業碩士學位，24 歲獲文學博士學位，有「北大神童」之稱。

李書磊 1989 年 12 月調中央黨校任教，歷任語文教研室主任、文史教研部主任；1995 年晉升教授；2001 年至 2008 年間，任中央黨校校委委員，先後兼任文史教研部、培訓部、教務部主任。在此期間，曾兩次赴地方掛職鍛鍊，分別任中共秦皇島市青龍縣委副書記和中共西安市委副書記。習近平 2007 年出任中央黨校校長第二年，時任教務部主任的李書磊被提拔為黨校副校長，成為習近平的副手。

2014 年 1 月又轉調習曾經工作過的福建省任省委宣傳部長。2015 年 12 月，李轉任中共北京市紀委書記。

有消息說，習近平的多篇講話出自李書磊之手，如 2014 年 10 月習近平在中共文藝座談會的講話稿。李書磊主管的《福建日報》還連續刊發三篇習近平任職福建時期的紀事報導。

習近平中共十八大上任後，李書磊的仕途進入快車道，三年三次履新。2017 年 1 月升任中紀委副書記，2017 年 3 月兼任中央追逃辦主任。

第三節

官方首次承認薄周篡黨奪權
台媒爆詳情

中共十九大開幕日，習近平（右）宣讀完十九大報告後，回到主席臺與胡錦濤（左）握手道謝，外界解讀其潛臺詞是感謝他破了江派主導的陰謀。（Getty Images）

　　十九大第二天，大陸官方首次公開承認周永康等六人涉「陰謀篡黨奪權」。證監會主席劉士余在中央金融系統分組討論會上表示，薄熙來、周永康、令計劃、徐才厚、郭伯雄和孫政才，這些人「在黨內位高權重，既巨貪又垢腐，又陰謀篡黨奪權。」這些案件，令人不寒而慄。並稱習近平及時處理。

　　習近平讀完十九大報告後回到座位前，與胡錦濤握手，坐下來兩人聊了幾句。東森電視台主持人在節目中稱，習近平是向胡錦濤說「謝謝」，言下之意是「謝謝你幫了我」。

　　主持人強調：「就是胡錦濤與習近平聯合對抗江澤民的那個勢力，對抗那個篡黨奪權陰謀。」

3．19 江派篡黨奪權陰謀

主持人稱，最大的篡黨奪權的陰謀是 2012 年 3 月 19 日晚上，當時還有兩個值得關注的節點：3 月 15 日薄熙來被宣布落馬，3 月 18 日令計劃兒子遭遇車禍。

據介紹，3．19 深夜北京市區槍聲大作，並且坦克都開到街上了。周永康調動所掌控的武警部隊往新華門集結，當武警部隊趕到天安門包圍中南海時，周沒有想到武警部隊遇到一支部隊的抵抗。後來得知是 38 集團軍。

38 軍向武警喊話：「我們是奉了胡主席的命令來保衛國家領導人。」武警回應說：「你們是外來部隊，如果你們敢在北京城，尤其這個衛戍區附近是由我們來維安的，如果你們敢怎麼樣的話，我們一定會開火。」

主持人表示，後來不知道誰先開火，雙方真的就打起來，開火一陣子後，因為軍隊實力還是比武警的實力強，38 軍鎮住了局面。

「當時 38 軍並不在衛戍區，北京市公安局傅政華在政變前幾天倒戈，向胡錦濤提前透露了風聲。所以胡錦濤就把 38 集團軍的一個連安排進入中南海，還把軍長王西欣換成了自己的親信許林平。許林平是被胡錦濤升為少將，對胡錦濤是軍令必從，就這樣提早在衛戍區待命。」

許林平後來在 2015 年被升為中將，理由就是他在 3．19 政變期間護國有功，粉碎了周永康武警部隊的政變。

據稱，胡錦濤在當時的恐懼氣氛下還接到江澤民的一通電話，當時胡錦濤與溫家寶等他們的團隊圍在中南海的辦公室裡。

江還出面給周永康作擔保稱：「周永康沒有政變的動機，不要輕信國外和國內敵對勢力的謠言。」並警告胡說：「必須停止對薄熙來同黨的清除行動，繼續的話，對國家、對我們所有人都沒有好處。」甚至還稱，今晚的事件，周永康表現很克制，把握了大局。

主持人表示，言下之意是警告胡錦濤，你誰都可以動，就是不能動周永康。正因為如此，周永康並沒有立即被處置，只是被架空。直到 2014 年 7 月才宣布被查。

胡用兩個神祕部隊留住接任十八大

台媒還舉例，習近平在十八大召開前三個月時，2012 年 8 月上書中央不要當接班人，導致中共內部亂成一鍋粥，很多人出面勸說習。當時胡錦濤給了習近平一劑強心針，他在兩個關鍵位置埋了二顆「虎牙」來保護習。

一支部隊安排在靠新華門旁邊的一棟兩層樓的建築，大約千名中央警衛局的人員。如果有事的話，他們可以在一兩分鐘內出現在中南海保護習。另有一支安置在首都機場附近的 2 萬人的衛戍師隨時供習調用，這支衛戍師半小時內可以從機場抵達中南海。

主持人還表示，江胡鬥至少有十年時間，一直到胡錦濤即將卸任時，他才開始擁有一點軍事方面的權力。並將兩個保命棋子傳給了習近平。

中共十六大上，江澤民通過「軍事政變」留任軍委主席，郭伯雄、徐才厚先後出任軍委副主席。2004 年江澤民卸任軍委主席

後，通過其軍中代言人、兩名軍委副主席郭伯雄與徐才厚，架空了胡錦濤。

軍報曾在 2016 年 5 月 25 日發文，談到兩名前軍委副主席徐才厚和郭伯雄的核心問題，暗示他們跟政變有關時說：「高級幹部位高權重，出了問題就不是小問題，政治上出了問題危害更大。郭伯雄、徐才厚貪腐問題駭人聽聞，但這還不是他們問題的要害，要害是他們觸犯了政治底線。」

在劉士余指孫政才陰謀篡黨奪權的同天，陳敏爾在重慶代表團討論會上，批孫政才對重慶的改革發展造成傷害，必須堅決消除惡劣影響，並和肅清「薄熙來和王立軍的思想」結合起來清理，「因為兩者在政治上有共同性」。

第三章

習江鬥激烈
習險占上風

《新紀元》獲悉，這次「十九大打得很激烈」，高層人事以及「習思想」入黨章等事項，習近平和江派的博弈一直進行到最後一刻。議期間各派仍惡鬥不休，最終習近平占了絕對上風。與上屆相比，江派官員大面積潰敗式的退出權力高層。

十九大上，習江博弈異常激烈。此次「習家軍」全面上位後，習已從十八大的微弱優勢，變成現在的絕對優勢。（AFP）

第一節

激烈內鬥直到最後一刻

中共十九大會議上爆發很多分歧和衝突，是歷次代表大會中內鬥最激烈的一次。（AFP）

中共五年一屆的全國黨代會已塵埃落定，而在十九大前，圍繞著高層人事布局，各界「競猜」不斷，直到 2017 年 10 月 25 日最後一刻、新政治局常委「魚貫登場」，人們才知道，未來大戲中，這七人要發揮重要作用，他們是習近平、李克強、栗戰書、汪洋、王滬寧、趙樂際、韓正。

他們都是清一色的 50 後，最年輕的趙樂際也都 60 歲了。此前盛傳的 60 後接班人胡春華和陳敏爾都沒有露面，留任呼聲最高的王岐山也不見蹤影，王滬寧的出現讓有些人意外，而趙樂際就像黑馬一樣讓很多人吃驚。

內鬥激烈 王滬寧不得不臨時改稿

《新紀元》周刊獲悉，這次「十九大打得很激烈」，高層人

事以及「習思想」入黨章等事項，習近平和江派的博弈一直進行到最後一刻。在十九大期間，當局還首次公開點名批周永康、薄熙來等六虎「陰謀篡黨奪權」，敲打政變幕後頭目。

不過最後還是習近平占了絕對上風：七人中，江派僅韓正一人入常，排名居末。在 25 名政治局委員中，新入局的 15 人中幾乎是「習家軍」，與上屆相比，江派官員大面積潰敗式的退出權力高層。

習江鬥得激烈，從外界得知的兩個小插曲中可見一斑。

一是在十九大開會期間，王滬寧突然缺席其所在的海南代表團分組會議，而其他人都出席了各自分租討論，包括習近平，而且新華社官方的王滬寧活動報導集也莫名其妙地變成空白。

當時外界還猜測王滬寧入常無望，11 月初，海外政論家陳破空在 youtube 的直播中透露了王的消失原因。他引述從內部得來的消息說，此次會議上發生了很多分歧和衝突，各派交鋒激烈，意見不一。而做為十九大的報告起草人及黨章修改的執筆人，王滬寧被緊急受命，要修改很多東西，包括報告、閉幕詞等。因此，他連續消失了四天。

陳破空表示，王滬寧入常也是各派妥協的結果，直到閉幕之後才當選為常委。他認為，此次七常委大換血，王岐山十九大卸任，被指是各派惡鬥的結果。

看來，王滬寧的官方活動集被刪，很可能是劉雲山搞的鬼。他不想讓王滬寧來接自己的班，不過這種小動作也沒能阻止王滬寧入常。

會上傳一紙條 習思想博弈到最後

據《日本經濟新聞》報導，另一個小插曲是，在習近平做報告期間，人民大會堂內的聽眾席上也發生了一系列私下的活動。日媒認為，這表明習近平和反對派的鬥爭和博弈一直進行到最後一刻。

《日本經濟新聞》電子版 2017 年 11 月 2 日報導，比把盟友安置在中共高層更重要的是，習近平把自己的「思想」寫入了黨章。在中共高層領導人中，只有毛澤東和鄧小平在自己的「意識形態」前冠名，而「思想」的地位又高於「理論」，這意味著「習近平思想」比「鄧小平理論」地位高。

日媒描述，在習近平冗長的三個半小時講話中，一位祕書走到習近平辦公室主任丁薛祥身邊，在他耳邊低語，向他展示了一張紙條，兩個人交頭接耳討論了好一會兒。

然後這個祕書走到坐在前排的中央辦公廳主任栗戰書身邊，兩個人再次看著紙條，彼此低聲耳語。

接下來，這個祕書走到了即將下台的中共常委劉雲山身邊，給他看這個紙條。劉雲山沒有跟祕書說話，而是側過身子，跟旁邊的張德江竊竊私語。

就這樣，習近平的盟友和敵對派對著一張紙條悄悄議論。日媒報導，中共在全球媒體好奇的注視下「達成交易」。

習近平做完報告之後，當天中共政治局常委張德江、俞正聲、劉雲山在引述習近平報告時，將「新時代中國特色社會主義思想」稱為「習近平新時代中國特色社會主義思想」，這個細微的改動其實意義重大。劉雲山通篇讚揚習近平思想，張德江說習近平的

思想是「整個大會的最大亮點」。

《日本經濟新聞》認為，當習近平的對手也不得不支持習近平思想寫進黨章的時候，說明習近平取得了勝利。

《新紀元》周刊此前曾獨家報導過，由於反對的人很多，十九大習近平為了避免黨內負面看法，依舊沿用中共總書記的頭銜，等二十大時才提黨主席制；而且不會學「毛澤東思想」那樣來定義「習近平思想」，而是加了很多定語來弱化習近平的個人色彩，比如習近平新時期治國理政思想等，結果最後是「習近平新時代中國特色社會主義思想」被寫入黨章

《日本經濟新聞》說，10 月 19 日開始，各地中共領導人就爭相讚美習近平思想。不過這共 16 個字的「習近平新時代中國特色社會主義思想」說起來非常拗口，一位中共省級領導人好幾次嘗試背下這幾個字，但不是來回顛倒就是丟字落字，最後才終於背下來。

習報告用詞微調與江鏡頭特寫

時事評論員周曉輝注意到，習近平在中共十九大的報告中，曾有這樣的表述：「一個政黨，一個政權，其前途命運取決於人心向背。人民群眾反對什麼、痛恨什麼，我們就要堅決防範和糾正什麼。」台灣東森電視報導說，當習近平在念這句話時，央視鏡頭轉向了坐在主席台上的江澤民，而且是給了一個特寫。

主持人表示，這絕對不是巧合，因為在共產黨的世界裡，沒有偶然，只有必然。這畫面一定都是千挑百選過的。畫面如此，共產黨的用詞也同樣是反覆斟酌過的。

如果對比 2014 年 9 月，習近平在全國人大成立 60 周年大會上講話類似的表述，就會發現有些許不同。當時的說辭是：「一個政黨，一個政權，其前途命運取決於人心向背。人民群眾反對什麼、痛恨什麼，我們就要堅決防範和打擊。人民群眾最痛恨腐敗現象，我們就必須堅定不移反對腐敗。」

對於人民反對的和痛恨的，從「防範和打擊」變為「防範和糾正」，顯然是刻意為之。接下來五年，習近平要糾正什麼錯誤？人民對於中共犯下的什麼錯誤「反對和痛恨」？央視鏡頭在此對準江澤民有什麼特殊意味？

江澤民當政時期，以腐敗治國，人民深受其害。而江當政時期，其製造的最大冤案就是法輪功，成千上萬名法輪功學員被非法關押、迫害、騷擾、洗腦，一些被迫害致死，江和中共甚至還犯下強摘器官的前所未有的罪行，同時將大量公檢法人員、普通民眾捲入其中，自覺不自覺的成為幫凶。

無疑，以暴力治國，殘害百姓，製造一個個冤案，衝破人類道德底線，都是人們所反對的、痛恨的。如果習近平想打造一個不同以往的「新時代」，糾正江的迫害政策，依法治國，「轉型正義」是不可或缺的一步。周曉輝認為，從這個方面來說，習近平在報告中埋下伏筆，有意將鏡頭轉向江，或許是另有深意的。

主席台上習不理癱軟的江澤民

十九大被表面上稱為「團結大會」，實際上波詭雲譎，充滿激戰，越來越多的細節被外媒記者捕捉到。如《南華早報》2017年 10 月 24 日報導，媒體很注意已經 91 歲的江澤民。在十九大

上宣布要對黨章進行修改和補充時，江澤民手裡拿的文件（習近平的講稿）有一張不由自主地掉在地上，不得不依靠一名服務員取回。

《每日郵報》的一張照片顯示，在十九大當天閉幕的會議上，江澤民一次用右手手指戳習近平的左臂，看起來想跟習近平搭話，習近平看似無動於衷。

在當天會議閉幕、所有人員起立的時候，江澤民癱軟在椅子上，試圖掙扎幾下也無力從椅子上站起來，他身後的兩名服務人員不得不把他連拉帶拽地揪起來。

雖然江澤民這次開會拿了一個非常醒目的、發光的白色放大鏡來吸引各界注意，但此前媒體分析，中共喉舌央視故意遮擋江澤民的畫面，顯示他已經日落西山、勢力潰敗。

例如，習近平帶領主席團成員入場，在央視鏡頭中每次江澤民都會被習近平的身影遮擋，若隱若現，有時只看得見江的半個頭，甚至完全被擋住。只有當給他們三人遠鏡頭時，江才被露面。

在習近平宣讀完十九大報告後，回到座位前，他和右邊的胡錦濤握手，不僅攝像鏡頭一路跟著，還給他們握手予以定格的大特寫，但習近平轉身與左邊的江澤民握手時，畫面只顯示習近平，江的畫面被攝影師的後背「牢牢遮住」。

修改中共黨章是十九大的一項重要內容，總共做出的修改達107處。除「習思想」的最終定名是「習近平新時代中國特色社會主義思想」，還包括8個「明確內容」和14條「基本方略」，即8個「明確」和14個「堅持」。

時政評論人士胡少江在自由亞洲電台的專欄中盤點發現，14個「堅持」中，五條來自毛澤東，四條來自鄧小平，還有四條是

胡錦濤的貢獻，最後一條「堅持構建人類命運共同體」是習近平自己的。也就是說，唯一被「遺漏」的就是江澤民。

這些都不是偶然的。

習提民主法治 新華社整段刪除

10月18日習近平在十九大工作報告中，突出的部分是提出了社會主要矛盾的轉變。習說，中國進入了「新時代」，「社會主要矛盾已經轉化為人民日益增長的美好生活需要和不平衡不充分的發展之間的矛盾」。在進一步闡述這一矛盾時，習近平提出了一個罕見的說法：「人民美好生活需要日益廣泛，不僅對物質文化生活提出了更高要求，而且在民主、法治、公平、正義、安全、環境等方面的要求日益增長。」

在中共黨代會這一場合，習近平罕見地提出了人民對「美好生活需要」的要求，並將「民主、法治」列在首位，引起外界注意。

台灣《聯合報》10月18日評論文章指，第一個要求（民主）和第三、四個要求（即公平與正義）都是西方世界近年經常提及的概念。這一段令人驚喜的文字，顯示了習近平已深刻認識到中國社會矛盾的變化，並有勇氣面對矛盾。

文章認為，習近平提出「民主、法治、公平與正義」的價值，也讓人民對十九大後的中國政治走向產生了寄盼的懸念。不過，文章也提到，鑒於中共過往政治改革給人民帶來的失望，這個提法仍可能只是習近平的一種表面或形式上的宣示。中共的改革往往禁不起執政利益的誘惑，最後無疾而終或逡巡不前。更何況中共對於「民主」的定義，與西方大相逕庭。

　　然而蹊蹺的是，習近平有關「主要矛盾」和「民主、法治、公平、正義」要求的這一大段論述，竟然在喉舌新華社刊登的習近平工作報告中，被整段刪除。

　　對此，《聯合報》文章分析，很可能是黨內有人對此不認同，於是刻意遮掩。因為整個段落中單單缺少這一段，不免讓人懷疑就是宣傳部門對此有疑慮所致。劉雲山長期在宣傳部門任職，意識形態極左，也是政治局常委中江澤民派系三大代言人之一。

　　此前，宣傳系統多次刪除、修改習近平的講話，歪曲解釋習近平的「憲政夢」，並一再通過「高級黑」、「捧殺」等手段給習近平攪局。早在 2013 年元旦期間，中宣系統就涉嫌強行刪改《南方周末》的「中國夢，憲政夢」新年賀詞，令習近平難堪。2014 年 9 月 5 日習近平在中共人大 60 周年大會上的「依憲執政」講話，也曾遭官媒喉舌刪除。

　　十八大這五年，習近平通過大力軍改和反腐，初步掌握了軍隊、武警、組織、黨務的權力；但在其他領域，特別是宣傳、政法、國安、金融系統，不少依舊掌控在江派手中。習的正規講話都能被刪除，可見習江鬥得很厲害。

　　等到了 2017 年 11 月 3 日，中共中宣部會同中央有關部門組成高規格的中央宣講團，包括有三名政治局委員在內共 36 人。並稱十九大後一周開始宣傳攻勢。

　　但無論是官方媒體當天對十九大的報導中，還是官方專家對十九大報告的解讀中，普遍將習近平那句話：人民在「民主、法治、公平、正義、安全、環境等方面的要求日益增長」給「忽略」了。

　　《北京青年報》旗下的「團結湖參考」專門刊文《「主要矛盾」變了，這個論斷為何如此重要？》來談這個話題，通篇也看

不到「民主、法治、公平、正義、安全、環境」這六個片語。文章甚至將「主要矛盾轉化的判斷」，變成討論「油膩」的話題。文章還含沙射影地說，「大張旗鼓討論油膩，一定是吃飽了撐的」。

北京一位離休老幹部對《大紀元》記者說：「首先官方媒體不能往右去解讀，他往民主法治等普世價值這邊解讀的話，他怕自己背風險，所以他基本是偏左一點來解讀，甚至是偏不合理的、比較荒謬一點解讀，也不敢靠右去解讀，怕自己受牽連。」

中央委員分歧大 習不得不再開會

習江鬥得激烈，還體現在中央委員的選定上。

港媒披露，因中委名單分歧太大，派系權鬥不止，當局在大會 10 月 24 日結束要表決前，還要加開主席團會議「磋商」。結果十九大期間，主席團開了四次會議，比十八大多了一次，內容都與「討論醞釀」新的中央委員、候補中央委員和中央紀委委員候選人名單有關，其中後三次會都由習近平親自主持。

10 月 24 日，中共十九屆中央委員 204 人名單最終出爐，其中有 78 人是上一屆中央委員連任。因此，新晉中央委員就會有 126 人，新當選比例約 62％，是名副其實的大洗牌。與上一屆中委相比，出生於上世紀 50 年代底和 60 年代初的中央委員成為主體力量。

落榜的，很多是被查處了。中紀委官員 10 月 19 日公布的信息顯示，中共十八大以來被立案審查十八屆中央委員、候補委員 43 人、中央紀委委員 9 人，其中 10 人的調查情況還未公開。習

近平在十八大上任後五年中，在中共黨政軍中展開了史無前例的
反腐「打虎」運動，拿下包括周永康、郭伯雄、徐才厚、令計劃、
蘇榮等在內的 200 多名江派「大老虎」。

中共十九屆中央委員裡，軍方大約占兩成，絕大多數是新面
孔，顯示高級將領已經大換血。現任軍委副主席范長龍落選十九
屆中委。據報導，范長龍是徐才厚一手提拔上來的鐵桿親信。十
九大前的 9 月，上屆軍委委員房峰輝和張陽也傳出被調查。

此次有過半部委負責人均不在新中委名單中，四名副總理中
有三人退休，這也意味明年「兩會」國務院將大換血。

人們還注意到，十九大 204 名新一屆中委裡面卻沒有一位國
企高管，而十八大時還有五名。這是因為江派控制國企，習近平
不信任他們。

據彭博智庫的觀察，新一屆中共政治局常務委員會的七名常
委中，也很少有人具有經營國有企業的經歷。歷屆政治局常委們
在國有企業的就職人數不斷下降，從 2007 年的 29％和 2012 年的
11％，下降到 2017 年的 4％。相比之下，十九屆新常委比前兩屆
常委在管理省級政府方面經驗更多。

彭博智庫首席亞洲經濟學家湯姆‧奧利克（Tom Orlik）表
示，中共新委員的這種格局，反映出中共新一屆領導人更青睞於
能夠在發展過程中對各種難題進行平衡、具有政治實踐經驗的管
理層。

「最短命的中央委員」

有趣的是，「最短命」的女中央委員，僅當了十天。

在 2017 年 10 月 14 日結束的中共十八屆七中全會上，十八屆中央候補委員、江蘇省委書記李強、國家信訪局局長舒曉琴等 11 人遞補為十八屆中央委員。10 月 24 日，中共十九大結束，204 名中共第十九屆中央委員中，沒有舒曉琴。短短十天就落選，實屬罕見。

時政評論員陳思敏表示，舒曉琴是兩個江派高官周永康和蘇榮的「雙餘毒」。在周永康掌政法委期間，舒曉琴成為中共公安系統首名女副總警監。舒在江西官場時，是時任省委書記的蘇榮屬下的省政法委書記兼公安廳長。2013 年 3 月，蘇榮進京任中共政協副主席，同年 4 月，舒曉琴也進京擔任信訪局局長至今。

舒曉琴對媒體表示，2016 年中國信訪案件解決了 80％，在國家信訪局網站上投訴信息解決案件有 60％，她說，現在在家裡動動手指就可以簡單快捷把投訴問題解決了。2017 年 8 月，來自多個省市的 40 多位訪民，自發到北京一中院起訴舒曉琴，因她上述說辭全是假的，並要求法院給立案。

此外，舒曉琴任江西省委常委、政法委書記、公安廳廳長等職時，曾積極跟隨中共江澤民集團迫害法輪功，被海外「追查迫害法輪功國際組織」列入追查名單。

第二節

歷經苦鬥 習占上風

政治局江派大幅減少 習占上風

有評論說，比較中共十九大和十八大的政治局名單，上屆被指為江派人馬的有劉雲山、劉奇葆、孫春蘭、孫政才、李建國、李源潮、張春賢、張高麗、張德江、范長龍、孟建柱、郭金龍、韓正。而本屆只剩下孫春蘭、李鴻忠、楊潔篪、郭聲琨、韓正。習陣營與江派人數比例為 20 比 5。

最令外界關注的是，被視為江派接班人的孫政才在十九大前突然被拿下，被指是「點到了江派的死穴」，廢了江派「未來的希望」。

十八大政治局委員中，劉奇葆、李源潮、張春賢都未到 68 歲的年齡而提前出局。張春賢、劉奇葆被指是江派大員。習近平上任以來，張春賢一直利用其主政的新疆對抗習當局，涉暴力恐

怖活動及無界新聞網攻擊習事件等。劉奇葆被指是江派前常委周永康的心腹。據報，按周永康的要求，時任四川省委書記的劉奇葆經劉雲山推薦、擔保被任命為中宣部部長。

李源潮的政治背景日趨複雜，有關李源潮的負面消息早在令計劃出事後就不斷傳出。此外，近幾年來不少江蘇省落馬的官員與李源潮在江蘇主政時期多有交集。

政論家胡平認為，這一次黨代會是多少年來歷次代表大會中內鬥最激烈的一次，暗中不滿習近平的非常多。當然總體來說，習近平掌控比較大，但習的這個成功也有很大危險，都是靠壓制成功。被壓制的人一定不服氣，這個矛盾還依然存在。

胡平表示：「習近平費盡腦汁，想很多很多辦法才能夠把這些人都刷下去，用他比較信任的人，這部分才五年已經做得相當成功。到現在為止，其他各種明著的或者潛在反對他的勢力，基本上處於守勢，節節敗退。」「常委中習近平優勢還不明顯，但在政治局委員裡頭，習派人馬顯著增加，再看中央委員、中央候補委員，習家軍增加比例非常大。一大半都換上習的人，過去從來沒有過。」甚至比 1969 年毛澤東搞的九大還厲害。

胡平還表示，總的來說習近平這一次黨代會收穫很大，進一步鞏固強化他的權力，而且也為二十大做鋪墊。「第一，他能夠鞏固本身很不容易，多少人想通過黨代表會把他給搞下去，他能夠鎮住並把這個習近平思想寫入黨章。」

「第二，他上任之前默默無聞，也沒有自己班底，和毛、鄧無法相比，很多人根本不知道習近平這個人。居然在五年之內，十九大和十八大相比，習近平色彩強太多。」

哥倫比亞大學政治學博士李天笑表示，十九大上，習江博弈

異常激烈。此次習家軍全面上位後，習已從十八大的微弱優勢，變成現在的絕對優勢。

數百名高官迫害法輪功遭報

中共十八大以來，大批江澤民派系的高官落馬。這些江派高官大多積極追隨江澤民集團迫害法輪功，從而在中共高層、軍隊和地方占據重要位置。他們積極迫害法輪功，手中沾滿鮮血。

2017 年 4 月《大紀元》記者統計，有 126 名中共國級省部級高官被設在紐約的「追查迫害法輪功國際組織」和法輪大法明慧網列入追查名單。他們包括 18 名中央委員及 17 名中央候補委員落馬，其中吳愛英、蔣潔敏、李東生、令計劃、周本順、蘇樹林、王珉、黃興國、王建平、王三運、孫政才、楊煥寧、李春城、王永春、萬慶良、陳川平、朱明國、王敏、楊衛澤、仇和、呂錫文等都迫害過法輪功。

而江澤民、曾慶紅、羅干等是最初發動鎮壓的元凶，在世界各地遭以「反人類罪」、「群體滅絕罪」、「酷刑罪」等起訴。

自 1999 年 7 月 20 日開始，由中共前黨魁江澤民發動的對法輪功的迫害已持續了 18 年，在江的「打死算白死」、「打死算自殺」的滅絕政策下，數百萬法輪功學員被迫害致死，甚至發生器官被活體摘取販賣牟利的驚天罪惡。

獵狐行動繼續 習要追回江派出逃資產

十九大後，習近平全面掌權，那習江鬥會如何進行？台灣媒

體認為，習近平將繼續整頓金融腐敗，並要追回江派掏空中國出逃的海外資產。掏空中國也是江派在暗殺、破壞股市不奏效後的最後一招。

台灣東森電視在專題節目「關鍵時刻」中，將視角從十九大上的政治上轉到了十九大後的金融整頓。

十九大首場記者會上，中紀委副書記楊曉渡披露的一組數據反映了自十八大以來的反腐力度。楊稱共收到 267 萬條問題線索，已對其中 154 萬條立案調查，共處理 153 萬人，其中有 5.8 萬人被移送法辦。東森引用楊曉渡的話強調，逃到海外的人要抓回來，跑到海外的錢要追回來，海外資產要大清洗。這個從 2014 年就開始的「獵狐行動」，當時負責獵狐行動的劉金國，這次十九大入選為中央的中紀委委員。

2016 年一年光江蘇的獵狐行動，就從 21 個國家和地區抓獲大陸境外逃犯 103 名，涉案總金額超過 80 億元人民幣。東森認為這個打貪抓資金的動作還要持續下去，十九大之後可能會有更大的大老虎要落馬。

主持人表示：「在江習鬥中曾經要用暗殺、破壞股市等造成民心不穩來拉下習近平，發現這些全部沒有用的時候，江派最後一招是掏空中國，將數兆錢全部挪往國外。被點名的這些大老闆就是它的幫凶。」

節目以安邦保險公司的吳小暉為例，稱他過去在大陸呼風喚雨，因為他是鄧小平的外孫女婿。安邦是十幾年前成立的公司，它在這幾年已經變成全球前十名的保險公司。它後面有非常多的政二代、紅二代在支持他。

節目並披露吳小暉 2017 年 6 月 9 日從自己辦公室被中紀委

帶走的細節。「吳小暉被帶走失蹤後，甚至安邦花了 580 億新台幣買下紐約華爾道夫酒店，都被要求賣掉，要把錢匯回大陸。」

台媒強調，吳小暉只是這一波的第一炮而已，繼吳小暉之後，央視又點名了萬達、復興、海航、樂視、安邦、蘇寧電器等一大堆的外企，萬達被批得最厲害，他在海外投資 2500 億人民幣，被稱之「非理性的投資」。

中華經濟研究院特約研究員吳惠林此前也表示，中共高層任何一個動作都有政治目的或是有派系互相內鬥，例如過去都是江派掌握著中國的經濟命脈，現在習近平在反貪腐，江派面臨被清洗的危機，所以江派勢力的家族就走向海外併購。

中國外匯存底最高時曾經大概 4.2 兆美金，東森表示，光 2015 年一年跑了 5000 億美金，到目前為止大概有 3.3 兆美金。也就是過去幾年間，從大陸境內足足流出了大概一兆億美金的資金。

節目分析，習近平江澤民鬥表現在政治、軍事領域，最精采的是在經濟領域。從 2015 年到 2016 年初，江派三次在股市上反撲，邏輯就是：鬥不倒你，我就掏空你。這一兩年的資金外逃是 2015 年三次股災之後，以民企海外併購方式再一波的資金外逃。

根據 Dealogic 數據顯示，2016 年中國企業海外併購達到頂峰，當年共進行 1870 億美元投資，是 2015 年的 2 倍。到了 2016 年年底，當局就表示要對境內企業海外投資併購趨嚴管理。

主持人還解釋：「他們等於是一波接一波，股災搞不倒你，我整個資金外逃，逃了半年一年後，才發現原來你外逃的資金，表面上是併購，竟然全都是江派的錢。」

看來，習江鬥還會繼續上演更多節目。

十九大接班人缺位之謎

第四章

老來得官運的栗戰書

栗戰書與習近平淵源頗深，兩人在執政、為人等方面理念接近。
在習江鬥過程中栗力挺習，2016 年 6 月底公開提「習核心」。
這位自稱不整人、不耍滑、不偷懶的「三不」官員，欲退休之
際卻時來運轉，成為中共十九大入常的黑馬。

十九大入常黑馬之一栗戰書。（Getty Images）

第一節

退休前突然高升的「三不」官員

栗戰書在副部級的位置上「徘徊」了15年。就在他公開談論退休事務時，卻突然被高升，接任中共中央辦公廳主任一職。（新紀元資料室）

　　十八大前62歲的栗戰書曾受到重點「栽培」，33歲任河北省無極縣委書記，36歲任共青團河北省委書記，43歲任省委常委、祕書長，但他的仕途在副部級的位置上徘徊了15年。就在栗本人也公開談論退休事務的時候，其命運卻出現了意想不到的大轉折。

　　外界對習近平為何對栗戰書「情有獨鍾」十分好奇。體察栗戰書的為人處世，應該說，習在栗的身上找到了自己的影子，栗與習在執政、為人、性情等諸多方面的理念最為接近。80年代初，栗戰書曾任過河北無極縣委書記，習近平則出任鄰縣的正定縣委書記，無極與正定都隸屬石家莊管轄。習、栗兩人在30多歲時有著共同經歷。

30 多年過去了，2011 年 5 月 8 日到 11 日，習近平以中央政治局常委、書記處書記的身分到貴州考察，四天時間，栗戰書放下一切工作，全程陪同，期間並與習近平個別「長談」。此交心考察對於急需志同道合者謀畫大業的習近平來說，30 年堅守信條的栗戰書已經奠定了心目中最佳的「大內總管」的地位。

「通盤考慮」下的「實際」與「長遠」

2012 年 9 月 1 日，新華社稱，中共中央決定，令計劃兼任中共中央統戰部部長，不再兼任中辦主任（令仍然是中共中央書記處書記）；杜青林已年滿 65 歲不再任統戰部長（杜仍是政協副主席）；中辦主任則由栗戰書接任。

2012 年 7 月 18 日在貴州省領導幹部大會上，中央組織部宣布稱：「這次調整是中央根據工作需要和貴州省領導班子建設的實際，經過通盤考慮、反覆醞釀、慎重研究決定的。」

人們比較發現，兩年前後官方對栗進出貴州的調令措辭，在「通盤考慮」下，唯一的不同，就是由「幹部建設」的「長遠」變成了「實際」需求。由此讀出，栗戰書進京輔助習近平，乃打亂了中央對貴州的長遠安排，而因應於習近平班底對栗戰書的實際需求。換句話說，栗戰書被習近平突然點將，政治生命時來運轉，急速上飆。

在栗戰書成為「黑馬」前，外界對其關注不高，他的年紀也已 62 歲。栗戰書曾任共青團河北省委書記、西安市委書記、黑龍江省長、貴州省委書記。由於團派胡錦濤曾經主政貴州，很多人將他歸類為胡派，認為他今次上位是團派在中樞卡位，給習近

平留下「管家」。

從栗戰書的履歷看，他自 1998 到 2002 年在陝西任職，曾在習近平的老家山西任市委書記。事實上，栗戰書與習近平自有更深的淵源，尤其是栗本人信奉的為人處世之理念與習極為相投。

民間評論，栗是一個誠實中略帶土氣，傳統中略帶保守的人，與目前中共官場上那些缺乏信念、誇誇其談的技術官僚不同，栗戰書較為能幹實事。2012 年兩會期間，總理溫家寶專門到貴州團參加審議，溫家寶力挺栗戰書之意似乎不言自明。

外界揣測，栗戰書應該是胡、溫、習三人均認可與力挺之人。栗上位後，在搖搖欲墜的現有體制下，其體恤民情的柔性風格對急需收攏人心的習家班底或有幫助。

看不慣程維高的匪氣 遠走他鄉

2003 年 3 月，江澤民正式交出黨總書記和國家主席職務，同年，江澤民的好友、前河北省委書記程維高因「包庇祕書、打擊報復舉報人」等違紀行為受到查處。8 月，經胡中央批准，「中央紀律檢查委員會對程維高嚴重違紀問題進行了審查，決定給予其開除黨籍處分，撤銷其正省級職級待遇」，回老家江蘇常州養老。他的案子始終沒有進入司法程序，其祕書成了犧牲品，前一個祕書被判死緩；後一個祕書李真「河北第一大祕」，因巨額貪腐被判死刑。

在江掌權時，1990 年，程維高高調赴河北，歷任省長、省委書記、省人大常委會主任。當政 13 年，有江澤民撐腰，程在河北匪氣十足，對舉報他的人任意打擊報復，被稱為河北省的「北

霸天」。河北的 13 年，是程維高政治生涯的最高峰，也終成他的「滑鐵盧」。2008 年，一位中共中央媒體的記者曾去拜訪已經歸隱的程維高，程維高表示，最不舒心的日子就是在河北，因為「勾心鬥角」厲害。程所稱的「內鬥」，就包括栗戰書不願與其同流合污。

有報導稱，程維高擔任河北省委書記之後，與其祕書李真聯合起來排擠異己，栗戰書也被邊緣化，甚至一度被免掉省委祕書長，擔任空頭常委，只掛個省委農村工作領導小組副組長的名頭。栗就是因為看不慣程的霸道與匪氣，不肯同流合污，才一氣之下，最終被迫遠走他鄉到陝西擔任省委副書記以及西安市委書記。

「三北幹部」與做人「三不」原則

躲避程維高，2000 年，栗戰書擔任陝西省委組織部長。一年多後，2002 年 1 月，他以陝西省委常委身分，出任省會西安市委書記，三個月後又當上市人大常委會主任；緊接著，他升為陝西省委副書記，仍然是西安市委書記和市人大常委會主任。2002 年，他在中共十六大上當選為中央候補委員。

西安主政一年多，2003 年 12 月，栗戰書離開西北到了東北，擔任黑龍江省委副書記。他自己說：「我在華北地區的河北工作過，在西北地區的陝西工作過，現在又在東北地區的黑龍江工作，有人說我是『三北幹部』⋯⋯」

栗戰書曾形象的描述自己工作過的三個地方，河北有「趙燕俠義之情」；陝西有「三秦之人的豪爽之風」；黑龍江人「古道熱腸、寬厚包容，因為它是一個移民的省份」，黑龍江人當中

60％是來自山東，20％來自河北。他由此感慨：「每一個人都有長處要互相學習，每一個人都有短處要互相包容，每一個人都有難處要互相支持，每一個人也都有苦處要互相體諒。」

2004年10月，栗戰書除了擔任黑龍江省委副書記，又被任命為副省長、省行政學院院長。2007年12月，他任代省長，一個月後，正式當選為省長。當選演說上，他除了套話之外，表態要做到「三不」：不整人、不耍滑、不偷懶，還自稱：「『三不』，是我一直做人的準則。」有分析人士認為，從其經歷看，他是有感而發。

2009年11月21日，黑龍江鶴崗新興煤礦發生地底瓦斯突然噴發事故，造成近百人罹難，引起北京高層關切。鶴崗煤礦礦難死者眾多，震動全中國，正當人們關注栗戰書是否會因此引咎辭職下台時，栗戰書卻在檢討會議上公開表示，自己應負相關責任。他說：「在這次事故發生之前，我們省安全生產事故和死亡人員數同比都有較大幅度下降。但是昨天發生的『11·21』安全生產事故，一下使我們的安全生產形勢逆轉，我負有重要的領導責任。」最終，栗戰書官位未受影響，但其坦然面對責任的一幕卻讓外界頗感意外。

走到哪 學到哪

當年在黑龍江的黨政搭檔吉炳軒和栗戰書，同屬「共青團派」戰友，但兩人的官運對比強烈。據《諸侯爭鋒》一書介紹，省委書記吉炳軒、省長栗戰書，上個世紀80年代中期都曾經是共青團隊伍中的要員，當時兩人的職位、級別差不多，吉炳軒擔任共

青團河南省委書記，而差不多同時，栗戰書則在河北當團省委書記。但後來兩人的官運就相隔雲泥了：90年代初期，吉炳軒當上團中央書記處書記，後來又升至中宣部副部長、常務副部長，2003年就是正部級了；而栗戰書則在省委常委這一級別上蹭蹬了整整十年，但兩人最後又在黑龍江成了黨政搭檔。

雖然栗官運徘徊，但栗本人卻不以為然，自有其樂。學習新知識，是栗的一大特點，有人稱栗戰書是「走到哪，學到哪；活到老，學到老」的典範。

栗戰書是1950年8月生，家鄉是河北省平山縣杜家莊南溝，1972年12月參加工作，河北師範大學夜大學政教系畢業，高級工商管理碩士。

1971年，他在河北省石家莊地區財貿學校物價專業學習，1972年進入石家莊地區商業局辦公室當幹事，後升為副主任、資料科科長。一直到1983年，才擢升為河北省無極縣委書記。這段期間，他業餘時間在河北師範大學夜大學政教系學習。

1985年，栗戰書升任石家莊地委副書記、行署專員。剛幹一年，他被調去擔任共青團河北省委書記，其間1988年在中央黨校黨建理論培訓班學習了半年。

1990年，40歲的栗戰書離開了共青團，調任河北省承德地委副書記、行署專員；三年後，升任河北省委常委兼祕書長。在此期間，他於1992年到1994年，在中央黨校函授學院經濟專業學習；隨後又於1996年到1998年，在中國社科院研究生院財貿系商業經濟專業的在職碩士研究生課程班學習。1997年，他的頭上增加了一個官銜：省農村工作領導小組副組長。

2005年到2007年，栗戰書在哈爾濱工業大學高級管理人員

工商管理專業學習。

雙面性格：豪放與情長

栗戰書沒有正規的學歷，但刻苦讀書，被視為「最富有文學才華的地方諸侯」。在政務之餘，他幾十年創作詩詞積累下來達數百首。「大將出征當狂吼，一代男兒正圖強」這是他早年的詩句，據稱他「展現了渴望建功立業的壯志豪情」。

栗戰書表示自己不會打拳，但喜歡看拳擊節目；一句京劇不會唱，但喜歡聽京劇。栗稱自己：「在生活、工作當中，我這個人的性格好像也是雙面的，有時候覺得很豪放……有時候又很兒女情長。」

栗戰書也曾經給女兒作詩：「多姿多采似君蟬，習文習武勝兒男。愛之猶如掌上玉，女若蒼穹宮中仙。」栗戰書女兒如今在香港也挺活躍，現任中信資本副總裁、香港華菁會副主席。據稱栗戰書的女兒名叫栗潛心，這個名字也被認為「體現了栗戰書本人的趣味」。

從黑龍江轉戰貴州

2004 年前後，黑龍江垮台的高官比例之高，在全國名列前茅，田鳳山、韓桂芝、傅曉光、范廣舉、馬德、趙洪彥……像「馬德賣官案」、「寶馬撞人案」，都引起全中國轟動。2004 年 4 月，原黑龍江省長田鳳山、原省政協主席韓桂芝相繼落馬；而那年 9 月 28 日，黑龍江官場大地震，五省級貪官同時「下課」──免

去副省長傅曉光、人大常委會副主任范廣舉、省委常委、祕書長張秋陽及省檢察院檢察長徐發、省法院院長徐衍東的職務。栗戰書就是在他們下課之後，以省委副書記身分兼任副省長的。

2008 年兩會，栗戰書在《小崔會客》節目最後的三分鐘即興演講中，按照崔永元所出的「分享」這個題目，侃侃而談：「政府公共財政的陽光要跨越山嶺、穿過樹林，使黑龍江生活在每一個角落的老百姓都能夠感受到溫暖。」然而栗戰書似乎沒有什麼時間撒下「陽光」，除了「三北」，栗戰書的履歷中，又增添了大西南，2010 年 8 月栗戰書從富裕省份黑龍江被調入貧困的貴州，任省委書記。

在貴州省栗戰書當上一把手，可以放言無忌。正值各地拆遷民怨很大，栗規定，徵地拆遷不得運用警力。據悉在貴州省政法工作會議上，栗戰書說，不少地方黨政領導和部門，把協調、處理人民內部矛盾的事情一股腦兒推給政法部門去做，自己撒手不管，這是極端錯誤的。大量的人民內部矛盾應由黨政機關、相關部門、基層組織來解決。

栗戰書說，妥善處置群體性事件要堅持以疏導、化解為主，慎用警力、慎用武器警械、慎用強制措施，以防矛盾激化，引發警民衝突。

寫下幸福公式 轉身進京

另一面，栗戰書也不得不從「振興東北」的大亨角色，變成面對現實要解決「上學難」的教育家。

栗戰書說：「我到貴州以後，已經去過 40 多個縣，幾乎每

到一個縣，我都會去一些學校或貧困的農民家庭去進行訪問，了解教育的狀況。我深深感到，貴州不少的地方學校的基礎設施建設還比較薄弱，校舍破舊甚至已是危房，操場、廁所建設都不是很好。還有一些地方學校的布局不夠合理，一些貧困或偏遠山區的孩子上學得走三、四公里。上學翻山越嶺，還要帶著乾糧，給他們增加了很大的困難。此外，還有一些地方師資水平低，教學質量低。」

栗戰書為此提出了一番長遠規劃，包括增加投入、改善師資、提出目標、學齡前兒童的毛入園率在 2015 年要達到 60％以上、九年義務教育要保證不讓一個適齡兒童失學、高中教育的毛入學率由現在的 53.4％提高到 63％、高等教育的毛入學率由現在的 18％提高到 27％。

栗戰書表示會盡最大的努力為孩子們上學創造較完美的條件，並且寫下的 2011 幸福公式就是：2011+ 所有適齡兒童、孩子們都能夠上了學、學得好 = 幸福。

貴州僅待了兩年，時運已到，中南海一聲召喚，栗戰書迅即轉身進京。可以確定的是栗此行注定飛黃騰達，而充滿疑問的是，栗戰書書記留下的幸福公式，貴州老百姓又等著誰來加減乘除呢？

第二節

公開提「習核心」
遭江派暗算

2016 年北戴河會議進入尾聲之時，中辦主任栗戰書公開喊出了離習總統只一步之遙的「習核心」，預示中共內部可能對此已經達成共識。（大紀元資料室）

就在 2016 年北戴河會議進入尾聲之時，有消息透露中辦主任栗戰書 6 月底公開喊出了「習核心」。這是第一個中共中央政治局委員級別的人傳遞的信號，預示中共內部對此可能已經達成共識。栗因此被江派盯上，海外親共媒體放風栗戰書十九大無望入常。

傳栗戰書公示「習核心」

2016 年 8 月北戴河會議進入尾聲之時，微信公號「北京習風堂」8 月 8 日刊文稱，中央辦公廳主任、中央直屬機關工委書記栗戰書 6 月 29 日在中直機關一次大會上喊出「習核心」。

　　隨後，微信公號「北京論壇」於 8 月 10 日披露了栗戰書講話全文。雖然官方媒體上沒有出現栗戰書有關「習核心」的部分講話，但微信上的文章並沒有被刪除。

　　7 月 28 日，自由亞洲電台特約評論員高新表示，他在大陸的記者朋友透露說，就是在 2016 年 1 月底的那次政治局全體會議上，政治局全體成員逐個表態，稱政治局委員和書記處書記要增強對總書記的「核心意識」，自覺、主動地向習近平「看齊」。

　　時政評論員李林一認為，北戴河會議快結束之時，之所以又提出「習核心」的說法，很可能預示中共內部對此已經達成共識，六中全會習近平成為「核心」應該無懸念。

　　香港《南華早報》引述上海政法大學的 Chen Daoyin 指，「核心」並不僅僅只是一個稱謂上的變化，而是有著重大的實質意義，其中含義就是：一旦「核心」地位被確立，就意味著擁有了一人拍板的「最終通過或否決權」。

「習核心」離習總統只一步之遙

　　2016 年以來，大陸十幾個地方「諸侯」先後表態擁護「習核心」，同時當局不斷放風要取消常委制，走向總統制。

　　曾在中宣部任職多年的莊豐 2016 年 8 月在接受希望之聲採訪時分析稱，習近平團隊在中共十八屆六中全會召開前拋出「習核心」的論調，「不排除是為將來有可能的總統制，或廢除常委製作準備，應該是一個前端鋪墊步驟」。

　　時事評論員石九天說，「習核心」上去，必然導致「江核心」的下台，當局清算江澤民準備工作就緒。總統與「核心」相比，

主要差別在於沒有了常委，這些官員的權力也將被弱化。其實，「核心」離總統只一步之遙。

栗戰書點名中辦還有不老實的人

李林一還表示，栗戰書第一個站出來提習核心，這也顯示了栗戰書地位越來越吃重。

在 2012 年晉升的中共十八大政治局委員中，栗戰書作為習近平選定的官員，由中央辦公廳主任直接升入政治局委員。

中共建政以來，從沒有一任中共中央辦公廳主任像栗戰書這般在反腐、組織人事、黨務黨建、意識型態、反恐、國安、外交等諸多方面都有「講話」和「布署」的資格。隨著習近平「核心」的正式推出，栗戰書水漲船高，成了十九大常委炙手可熱的人選。

2016 年 8 月 12 日，大陸官媒人民網發表了栗戰書 6 月 30 日在中央辦公廳「七一」專題課上的長篇講話。

栗戰書稱，習近平反覆強調「忠誠」。在講到中辦人員是老實人時，栗戰書指中辦也有極個別不老實的人，令計劃就是其中一個。

栗戰書強調，中辦是一個政治機關，講政治守紀律是對中辦人員的基本要求，要服從習近平的調遣。要牢固「核心意識」，「以排山倒海之勢懲治腐敗」。

栗戰書批評智庫成了咖啡館

2016 年 6 月港媒消息稱，由栗戰書主政的中辦點名批評中共

智庫成聊天咖啡館。報導稱，中辦、國辦點名通報批評智庫組織架構渙散、紀律渙散，工作任務、職責職務不清。

據悉，被點名批評的中共智庫，如中共社科院、中共中央黨校等，都是由江派現常委、主管中共意識形態的劉雲山控制。

按理說，栗戰書沒有資格去管劉雲山該管的事。從栗戰書的行動中不難看出，中共高層可能有意讓栗戰書取代劉雲山。

2015 年 11 月 7 日，習近平和馬英九以「兩岸領導人」身分舉行了歷史性會面。據報導，舉世矚目的「習馬會」在中共高層系統內曾經被加密通報，當時栗戰書被習近平罕見授權，代表中共中央、中共國務院以及中共中央軍委，向中共省部軍一級通報。

多維網的分析認為，習近平直接授權栗戰書出面通報，顯示了習對栗戰書的充分信任。

外媒放風 栗戰書被江派盯上

2016 年夏季，海外親共中文媒體放風稱，十九大栗戰書入常後接劉雲山，掌黨務的可能性較大。但該媒體同時分析說，栗戰書很可能最終與「入常」失之交臂。他會在十九大上交出中辦主任職位，保持政治局委員身分，擔任國家副主席之類的虛職。之所以如此，是因為江派的人會動員起來圍堵習近平的勢力坐大，而打壓栗戰書無疑是最好的選擇。

文章還引用消息指，栗戰書將調任某直轄市市委書記，很難再升到常委一級。

由此不難看出，2016 年習陣營和江派在十九大人事安排上的爭奪還正在激烈交鋒中，很多事都還沒有定下來。

第三節

沒有懸念的入常

栗戰書和汪洋被確定進十九大常委

2015 年 2 月 7 日上午，王岐山在紀檢監察系統老幹部新春團拜會上暗示，他做完本屆常委之後可能不再延任即退休。

據分析，現任七名政治局常委中，除習近平和李克強為「50後」外，張德江、俞正聲、劉雲山、王岐山、張高麗均為「40後」，按中共「七上八下」的規定，這五個常委都不能留任。

現任 25 個政治局委員中的「60 後」有：現任廣東省委書記胡春華和現任重慶市委書記孫政才。現任政治局委員、副總理汪洋、中共「智囊」王滬寧是「50 後」，與李克強同齡。此外，習近平就任總書記後，從貴州省委書記任上被調入北京，接替令計劃擔任習近平「大內總管」的栗戰書受到矚目。

2012 年重慶事件發生後，江派周永康、薄熙來的政變計畫曝

光，「周薄政變集團」浮出水面。胡錦濤、習近平陣營對江派集團的大清洗也隨即展開。中共高層博弈異常激烈。

習近平在中共十八大上位後，高調反腐，拿下四名副國級高官——蘇榮、徐才厚、周永康、令計劃。在習近平的反腐運動中，中共軍隊高層也進行多輪大換血，習近平的親信或舊部紛紛上位占據重要職位。

進入 2015 年，中共江蘇常委、南京市委書記楊衛澤落馬，成為 2015 年首個被調查的副省級高官。楊曾在周永康的老家無錫當市委書記六年半，為周永康家族輸送巨額利益。習近平的「反腐上不封頂」言論被官媒高調報導。

北京消息人士說，習陣營內有人力勸習近平留下王岐山，習本人也有此意願，但王堅持退，且他幫助習搞了「習八條」，杜絕老人干政。王在多次場合表態十九大絕不連任。據說他態度強硬的說，退下之前會加大力度查貪，堅決不會特赦。

關於新一屆常委名單，2015 年 4 月北京消息人士透露，已經有消息了，中共政治局委員、中辦主任栗戰書和國務院副總理汪洋「肯定」會在十九大上進下一屆常委。

栗戰書具「紅二代」背景

公開資料顯示，栗戰書，1950 年 8 月 30 日出生，河北平山人。栗家位於平山縣杜家莊村南溝，栗戰書祖父輩有兄弟四人，栗再溫 1927 年加入中共，是平山第一個中共黨員，中共建政後曾任中華全國總工會組織部長及山東省副省長等職。

栗戰書的祖父栗從周於 1938 年加入中共，三叔祖栗建周曾

參加中共八路軍工作團。而栗戰書的父親栗政修則於 1934 年加入中共，據傳曾任傳遞情報的地下交通員。

栗戰書曾任石家莊地區商業局辦公室副主任、石家莊地委辦公室資料科科長。1980 年進入河北師範大學夜大學習。

畢業後，栗戰書受到重點「栽培」，任河北省石家莊市下屬的無極縣縣委書記。同期，習近平離開軍委耿飆辦公室，下放到河北正定縣任書記，和栗戰書正是臨縣。此後，栗戰書長期在河北地方任職，歷任中共石家莊地委副書記、地區行署專員、共青團河北省委書記、承德地區行署專員。習近平則調到福建任職 20 年。

栗戰書曾在河北受程維高打壓

在 1993 年 4 月，栗戰書任副省部級的河北省委常委、省委祕書長。但他在省委祕書長的位置上被人整得相當狼狽，在副部級職位上徘徊 15 年。

有報導稱，程維高擔任河北省委書記之後，與其祕書李真聯合起來排擠異己，栗戰書也遭到強硬的打壓，被邊緣化，甚至被免掉省委祕書長，擔任空頭常委，掛名省委農村工作領導小組副組長。

有外媒報導稱，栗戰書被免掉省委祕書長消息傳出，在這一層次官員內部圈子裡引起強烈反應，消息很快在圈子裡傳播開來，很多人同情栗戰書。

2000 年 3 月 1 日，李真在河北省國稅局局長任上被「雙規」。據程維高本人稱，這一天，也正是對他調查的開始。

程維高與江澤民是一見如故的好朋友，在江掌權時，這個河北省的「北霸天」，靠江澤民撐腰，對舉報他的人瘋狂打擊報復。

2003年3月，江澤民正式交出中共總書記和國家主席職務，8月，經胡錦濤當局批准，中紀委會對程維高進行審查，並開除其黨籍，撤銷其正省級職級待遇，回老家江蘇常州養老。

在江澤民的包庇下，程維高直到2010年死亡，一直享受著中共中央副部長級待遇。他的案子始終沒有進入司法程式，他被開除黨籍，只是中共黨紀處分，與司法無關。

當時同遭程維高排斥的河北高官還包括現任河南省委書記盧展工、前國安部長許永躍、前國務院僑辦主任陳玉杰。程維高之所以垮台，據稱就是這幾名官員合力的結果，當中栗戰書也扮演重要角色。

2000年12月栗戰書開始擔任陝西省組織部長，之後又擔任西安市委書記、省委副書記等職。2003年12月栗戰書調任黑龍江省委副書記。

在黑龍江任職不到一年，栗戰書又成為黑龍江省委副書記、副省長，直到2008年8月份任正部級的黑龍江省長，結束15年的副部級歷程。

栗戰書被胡錦濤視為「自己人」

2010年8月中共調任栗戰書為貴州省委書記。由於團派胡錦濤曾經主政貴州，栗本人又曾任共青團委書記，因此很多人將他歸類為胡派，認為是團派在中共中央卡位，給習近平留下「管家」。

2010 年 8 月 21 日，與胡錦濤關係密切的中組部常務副部長沈躍躍在「貴州省領導幹部大會」上引見栗戰書，沈躍躍稱，任命栗戰書成為貴州書記是中共中央「經過通盤考慮、反覆醞釀、慎重研究決定的」。

而上任的栗戰書則先對胡錦濤表忠心，「當務之急是統一思想，要同以胡錦濤同志為總書記的黨中央保持高度一致……」

栗戰書出任習近平的「大內總管」

有報導稱，栗戰書與習近平淵源頗深。80 年代初，栗戰書曾任過河北無極縣委書記，習近平則出任鄰縣的正定縣委書記，無極與正定都隸屬石家莊管轄。習、栗兩人在 30 多歲時有共同經歷。

2011 年 5 月 8 日到 11 日，習近平以中央政治局常委、書記處書記的身分到貴州考察，四天時間，栗戰書全程陪同，期間並與習近平個別「長談」。

2012 年 7 月，時任中共貴州省委書記栗戰書被調任中辦任常務副主任。有港媒報導稱，時任中辦主任令計劃陷入法拉利車禍案，栗戰書以常務副主任身分實際上擔當了中共高層政治中最為隱祕、也最為關鍵的「大內總管」位置。

2012 年 9 月，令計劃被調任中共統戰部部長，栗戰書任中辦主任。隨後，中辦被整肅，令計劃的多名馬仔被清洗。中共十八大，栗戰書任中共政治局委員、中央書記處書記。

2013 年 12 月 1 日，前中共政治局常委、政法委書記周永康被抓捕。據港媒報導，這一天習近平親自主持召開了中共政治局

常委會議，決定對周採取特別行動，實行 24 小時監視居住；當天傍晚，栗戰書帶著中共中央警衛局特別行動小組來到周永康的住處，執行該項決定。

2014 年 1 月 24 日當局成立「國安委」這一權力機構，習近平任「國安委」主席，團派李克強任第一副主席，栗戰書兼任「國安委」辦公室主任。港媒評論認為，栗戰書成為習近平施行「國安委」的最得力「幹將」、習的左膀右臂和核心人物。

2015 年 3 月 19 日，栗戰書以中辦主任和習近平特使身分單獨訪問俄羅斯，與俄羅斯總統普京以及總統辦公廳主任伊萬諾夫見面，為習近平 5 月 9 日將訪問俄羅斯作準備。

港媒評論認為，此前栗戰書往往在中共中央總書記、國家主席習近平出訪時陪同在側，栗戰書此次以習近平特使身分單獨訪問俄羅斯，體現了栗戰書在習近平「班底」中的重要地位。

4 月 8 日，栗戰書參加中共全國黨史研究室主任會議並講話，罕見涉足中共江派常委劉雲山主管的「黨建」領域；要求中共黨史研究要學習習近平關於黨史的相關論述。

以往歷年的中共全國黨史研究室主任會議，參加的最高級別官員是中共中央黨史研究室主任，鮮有其他高級別官員參加。栗戰書此次屬破例參加。

栗戰書從幕後走向前台 獨當一面？

栗戰書與習近平在河北省任職時就相識，栗戰書任河北省無極縣縣委書記時，習近平在相鄰的正定縣擔任縣委書記，兩人關係密切。栗戰書 2012 年出任中辦主任後，成為習近平的左右手，

大力清洗令計劃的中辦舊部，並出任由習近平任主席的「國安委」辦公室主任。在習江鬥的過程中，栗頻繁地出力打擊江派，力挺習近平。

2015 年 3 月，栗戰書打破常規，赴俄羅斯會見普京，首次獨自公開亮相國際舞台。外界分析稱，栗戰書從幕後走上台前，預示其仕途可能有新變化。

2016 年兩會前夕，2 月 20 日至 21 日，栗戰書曾帶隊到中辦定點扶貧縣河南省光山縣考察指導扶貧工作，並召開座談會；2 月 27 日至 28 日，栗戰書又到陝西省寧陝縣考察扶貧工作。栗戰書首次獨自一人對扶貧工作調研，釋放了多重信號。另外，栗戰書作為中辦主任打破常規，隻身下基層，也屬罕見。

北戴河會議期間及之後，栗戰書密集曝光，一個月內三次出現在官方的報導中。

2016 年 8 月 29 日，官方報導，中共中央辦公廳印發了《關於防止幹部「帶病提拔」的意見》（簡稱《意見》），明確表示，在選舉官員時，「誰推薦的誰負責，誰考察的誰負責」。

2016 年 8 月 12 日，中共中央辦公廳祕書局主管的《祕書工作》雜誌第七期披露了栗戰書 6 月 30 日在中央辦公廳「七一」專題黨課上的報告內容。栗戰書在報告中透露了一些中辦內部的運作情況，以及提到中辦人是老實人，但是也有極個別不老實的人，令計劃就是一個。

2016 年 8 月 10 日，中共黨媒報導，「七一」前夕，栗戰書在中央直屬機關一個大會上講話，對中直機關中的中共黨員提出五點要求，其中包括要增強「四個意識」（政治意識、大局意識、核心意識、看齊意識），始終同以習近平為總書記的中央保持高

度一致。

外界關注，栗戰書從幕後走向前台，在國際及國內事務中獨當一面，預示他的仕途被看好。

栗戰書罕見出場 將接替張德江掌管港澳事務

香港《明報》2017年5月2日的文章表示，到中共十九大，年逾七旬、兼任中央港澳工作協調小組組長的張德江料退休。文章回顧了中共中央港澳協調小組組長的設置：首任組長是身兼中央書記處常務書記的時任中共國家副主席曾慶紅，第二任組長是時任國家副主席習近平，第三任組長是中共全國人大委員長張德江。三任組長都由中共政治局常委兼任。

文章分析，如按照中共政治局常委七名組成人員來考慮，國家主席和國務院總理因日理萬機，主管港澳事務的機會不大；不兼任國家政府職務的中央書記處常務書記和中紀委書記，因純屬黨職，也不便主管。

因此，兼掌港澳事務的有人大委員長、全國政協主席或者常務副總理三種可能。如十九大後國家副主席能重回政治局常委，國家副主席也可能擔任港澳小組長。第五種可能是，組長由非常委的政治局委員兼任，那就意味著港澳在國家戰略中的地位降格。

栗或將任習近平處理港務的代理人

海內外流傳的十九大中共政治局常委人選名單中，栗戰書幾

乎都在列，被認為是板上釘釘的「入常」人選。

栗戰書出任中辦主任後，大力清洗令計劃的中辦舊部，並出任由習近平任主席的「國安委」辦公室主任，被視為習近平的左右手。在習江鬥的過程中，栗配合習頻頻出力打擊江派。如前不久，香港《成報》頻頻發文炮轟江派常委張德江、香港特首梁振英等「亂港四人幫」，據美媒援引知情人士的話披露，這是習清除異己的外圍戰，操盤手正是栗戰書。

另據港媒報導，2017 年 4 月 11 日下午香港新特首林鄭月娥在中南海的瀛台獲習近平接見。中共中央港澳工作協調小組成員被安排坐在習近平的左側，依次為組長張德江、副組長李源潮、栗戰書、副組長楊潔篪等。

報導認為，中共官員有著極其嚴格的「座次」規矩，非組員的栗戰書被安排坐在李源潮之後、楊潔篪之前，或預示栗戰書將擔任習近平處理香港事務的代理人。

值得關注的是，習近平與林鄭月娥談及，香港近幾年一些長期矛盾逐步顯露，當前階段有挑戰和風險，並重申一國兩制「不會變不動搖」等。有分析認為，習近平的講話透露其對梁振英、中聯辦與張德江過去幾年治港路線的否定。

到了 2017 年 10 月 25 日，中共十九屆一中全會上，中辦主任栗戰書作為十八屆中央政治局委員進入新一屆政治局常委當中。栗戰書果真將接替張德江擔任中國全國人大委員長，排名第三，並接管港澳工作協調小組，成為港澳事務最高決策人。

第五章

早該入常的汪洋

中共十九大常委之一汪洋，十八大時以高於劉雲山的得票數卻被其取代入常。汪任廣東省委書記時清洗江派，與當下習近平的反腐在政綱上是一路人。十八大以來汪受習重用，在中共高層政治和經濟活動中充任重要角色，在中共政局中不可小覷。

十八大時汪洋得票數比劉雲山多，卻未能入常，顯示中共黨內選舉完全是自欺欺人的遊戲。十九大汪洋終於以常委身分亮相。（Getty Images）

第一節

十八大黑幕：
劉雲山得票比汪洋還低

2013 年 3 月 17 日中共兩會閉幕後，
汪洋含淚仰天長嘆。（Getty Images）

　　中共十八大落幕一周多後，港媒爆出黑幕：中共自詡是「差額選舉」，但當選中共政治局常委的劉雲山比沒有入常的汪洋得票低，甚至比女將劉延東還低，卻進入了常委。

　　香港《蘋果日報》引述消息披露，當選政治局常委的七位巨頭在中委投票時，習近平得票最高，「全票當選」，李克強只比習少一票。七常委中以掌管意識形態的劉雲山得票最低，連未能入常的汪洋得票數也比他多。北京學者指，這顯示中共黨內選舉完全是自欺欺人的遊戲。

　　香港《蘋果日報》引述消息稱，中共十八大中央委員選舉政

治局委員和常委之前，反覆預選動員，要確保「該上的人一定能上」，不過選舉結果還是與高層指定的人選不同。

消息人士公布了 10 名最頂級政要的得票數分別為：總書記習近平以 2306 票「全票當選」（投票人數 2307 人，扣除他自己那一票）；未來總理李克強、未來人大委員長張德江和未來常務副總理張高麗，都得了 2305 票，比習少一票；未來全國政協主席俞正聲得 2300 票；中紀委書記王岐山得 2299 票；主管意識形態的劉雲山最低，得 2294 票；而無緣入常的廣東省委書記汪洋獲 2300 票；政治局委員兼國務委員劉延東得了 2301 票；中組部部長李源潮得票 2287。

如果中共真按選舉結果來決定常委人選的話，那他們依次為：習近平、李克強、張德江、張高麗、劉延東、俞正聲、汪洋，七人之外的是王岐山、劉雲山、李源潮。而實際結果是，王岐山、劉雲山強行取代了劉延東和汪洋。有民眾氣憤地說：「中共的所謂選舉，只是婊子的牌坊，做樣子騙人的。」

當時在香港及台灣各書店和書攤熱銷的《十八大中南海新權貴》一書，詳細介紹了這些新人的各種資料，包括其發跡歷程、屬於哪一派，其政績惡績、個人愛好、家庭故事等。裡面談到劉雲山，評價他是「吹捧了他人，搞臭了自己」。劉雲山在內蒙古當官時主要靠薄熙來一家的幫襯，後來依仗的是江澤民。劉靠吹捧江而飛黃騰達，劉的兒子也格外引人注目。

針對劉雲山的上位，很多民眾表示，劉的入常意味著中共「扛上左大旗，繼續河裡摸上十年魚」。在劉「鐵腕」管制下的中共中宣部，使中國新聞界受到文化大革命以來最粗暴的打壓，劉因此獲得「新聞殺手」、「媒體殺手」稱號，中宣部也被視為最大

的「毒瘤」。劉曾多次被各民主黨派、無黨派人士點名炮轟，民主黨派四度上書反對劉入常。

習李全面接班，七名常委的妻子也成眾所矚目的焦點，尤其是集黨政軍於一身的習近平妻子彭麗媛備受關注，有人稱，中國終於出了一個可以拿得出手的第一夫人了。常委中除了張高麗外，其他常委的妻子或多或少皆有信息或有報導可查，而「媒體殺手」劉雲山其妻子從未曝光過，連姓氏都無人知曉，被嘲諷為「保密功夫做到家」。

第二節

汪洋中美經貿爆驚人之語
曾斥劉雲山

汪洋是胡錦濤團派的得力幹將，深受
胡錦濤、溫家寶的器重，被看做是中
共體制內的改革派。（AFP）

　　據大陸媒體報導，第 24 屆中美商貿聯委會 2013 年 12 月 20
日在北京開幕，在當日中午的歡迎宴會上，汪洋在祝酒詞中特意
向美方推薦了三道菜，第一道菜名是大豐收，第二道菜叫比翼雙
飛，第三道菜是麻婆豆腐。汪洋稱，麻婆豆腐「這道菜有些燙嘴，
吃起來要小心。」汪洋希望美國朋友對中美經貿合作中的問題和
分歧，有更大的耐心。

　　此前，2013 年 7 月 10 日上午，第五輪中美戰略與經濟對話
在華盛頓開幕。中共副總理汪洋在致辭中談到中美經濟關係時，
將之比喻為夫妻關係，而且還表示：「我們兩家不能走離婚的路，
像鄧文迪和默多克，代價太大了。」其後有港媒稱，江派試圖攻
擊汪洋的「用詞不當」，但汪這次的講話暗示並未受到影響。

汪洋曾大戰劉雲山

在一次政治局會議上，副總理汪洋等人提出，總書記習近平提出的「兩個互不否定」，原意是為了超越左右，團結一致向前看，但在宣傳的過程卻過火了，尤其是掀起「反憲政風暴」，被外界解讀為「左派回潮」，影響了海內外對新一屆中央集體的觀感。據稱，政治局常委劉雲山等在會上辯稱，過去半年，還是「牢牢掌握了意識形態工作的主導權」。

在此後，江派在黨內外不斷發起針對汪洋的攻擊，政治局會議據說爭吵不斷。

汪洋受習近平重用

2013 年 11 月中旬，習近平會見到訪的美國前總統克林頓時，表露出用進一步的全球性經濟融合抵銷地緣政治方面的緊張因素，重點是通過新模式的經貿往來緩和與美國的關係。外界分析認為，這意味著習在某種程度上認可了汪洋的對美策略。

汪洋是胡錦濤團派的得力幹將，深受胡錦濤、溫家寶的器重，被看做是中共體制內的改革派。有報導稱，十八大後，習近平欣賞汪洋，汪洋也力挺習近平。汪洋任副總理後，在涉外活動中多次代表習近平，外界解讀，汪洋受習近平重用，地位逐漸上升。

2013 年 9 月 4 日，汪洋受習近平委託，出席在俄羅斯聖彼得堡的中國電影節開幕式並致辭。9 月 5 日，習近平攜汪洋出席了 G20 的峰會。在 G20 的峰會前，習近平與汪洋、王滬寧、栗戰書、楊潔篪、周小川等人，出訪了土庫曼斯坦、哈薩克斯坦、烏茲別

克斯坦、吉爾吉斯斯坦等國家。

2013 年 7 月 10 日，中、美第五輪經濟對話在華盛頓開幕，汪洋作為習近平的特別代表出席對話。

2013 年 5 月和 3 月，汪洋也參加了外事活動。

也就是說，早在 2013 年汪洋入常就露出了苗頭。

汪洋在廣東清洗江派

汪洋也是打擊中共前黨魁江系人馬的主要成員，是鐵桿的倒薄派。汪洋出任副總理之前任廣東省委書記時，以「廣東模式」向薄熙來「唱紅打黑」、「重慶模式」叫板，並在廣東圍剿江派勢力。此前，廣東官場一直被江派人馬把持。2007 年汪洋主政廣東之初，受到當地官場江派舊有勢力的抵制，施政艱難。

汪洋上任後，開始清洗江派。2009 年，廣東官場發生大地震，省政協主席陳紹基、深圳市長許宗衡、原廣東省紀委書記時任浙江省紀委書記王華元等人因「嚴重違紀」被中紀委革職查辦，原廣東省公安廳常務副廳長時任公安部部長助理鄭少東也落馬。

2011 年 11 月，江派地方大員時任廣東省長黃華華突然辭職，據稱，黃華華深涉經濟腐敗問題被汪洋抓住把柄被迫辭職。

2012 年 2 月，汪洋又啟動「三打兩建」的「打黑」專項行動，反「貪腐」風暴席捲廣東，數百名涉案官員被「雙規」。廣東媒體報導稱，截至 6 月 8 日，全省涉案廳級幹部 28 人，處級幹部 123 人。2012 年底，廣東省 40 天內五高官密集落馬。

到胡春華接手時，廣東已成團派的「根據地」，江派在廣東已無市場。

第三節

汪洋新添兩要職
「未來必成紅人」？

汪洋（右一）頗受習、李的器重。圖
為 2014 年 7 月 9 日至 10 日中美戰略
與經濟對話開幕式。（AFP）

農村工作組長 輔助李克強城鎮化

　　據大陸「觀察者」網 2014 年 7 月 9 日報導，最近的中共黨
政領導幹部資料庫信息顯示，「中央農村工作領導小組組長」由
中共國務院副總理汪洋兼任。在本屆國務院領導層分工中，汪洋
分管「三農」和對外經貿領域。

　　中共中央農村工作領導小組是中共領導農村工作、農業經濟
的議事協調機構，按照慣例，中央農村工作領導小組組長由分管
農業的副總理兼任，溫家寶最初進國務院時就曾擔任此職。2013
年 6 月，汪洋兼職出任中共國務院扶貧開發領導小組組長，國務
院副總理馬凱任農民工工作領導小組組長。

　　汪洋擔任「中央農村工作領導小組」組長，最重要的任務就是在城鎮化的整體布局中扮演「決策角色」，而城鎮化是當下李克強在解決城鄉二元結構方面最為關鍵的舉措。圍繞農村問題在中共國務院高層，李克強、汪洋，加上馬凱已隱然形成核心三人圈，而江派背景的常務副總理張高麗被晾一邊。據稱，習近平陣營代表人物汪洋和江派常委張高麗自從新屆國務院領導班子產生後，一直在各種場合相互揭短、翻老帳，鬧翻國務院。

　　此前汪洋擔任廣東省委書記期間也曾圍剿江派勢力，包括江派政法系周永康人馬、前廣東省委書記張德江、李長春的舊部。汪利用前中國首富黃光裕案，清洗大批周永康人馬、江派廣東幫高官，並把前公安部長助理鄭少東拉下馬。此後汪洋又向周永康和江澤民情婦、前廣東省委副書記黃麗滿等開刀，打掉了黃麗滿的心腹、深圳原副市長梁道行。

三峽驗收組長 比張高麗更有實權

　　另據官媒報導，經過 20 年耗巨資建設的三峽工程面臨「整體竣工」驗收，2014 年 6 月 24 日上午，汪洋首次以國務院長江三峽工程整體竣工驗收委員會主任身分在媒體上亮相，「布署安排三峽工程整體竣工驗收工作」。

　　2013 年 8 月 28 日，三峽工程建設委員會正式成立，汪洋與張高麗同時添新職，張高麗任主任，汪洋任副主任。涉嫌江澤民家族腐敗的三峽工程由曾經大力清洗廣東江派勢力的汪洋負責驗收，而中共江派常委張高麗則明顯被架空，釋放的信號耐人尋味。

　　三峽工程歷經 20 年，在移民、拆遷、生態環境等方面的譴

責之聲一直不斷。審計署公告顯示其建設過程中的違規資金達到
41 億。三峽工程當時由江澤民和李鵬主導，外界盛傳江澤民家族
涉其中貪腐。2003 年，李鵬在其《三峽日記》中透露，自 1989
年後，三峽工程重大決策都由江澤民主持制定，將江澤民拋出。

　　有關三峽工程中存在的貪腐黑幕開始被海內外媒體揭開，中
共中央第九巡視組通報又把三峽集團存在招投標暗箱操作、選人
用人工作等突出問題提到了公眾眼前，使得輿論界對三峽工程的
腐敗黑幕的關注熱情迅速暴漲。

汪洋身兼多職 未來必將走紅

　　據公開的信息，中共十八大以來，汪洋已經公開的兼任職務
包括：國務院扶貧開發領導小組組長、全國打擊侵犯知識產權和
製售假冒偽劣商品工作領導小組組長、國務院抗震救災指揮部指
揮長、國家防汛抗旱總指揮部總指揮、全國綠化委員會主任等。

　　2014 年 7 月 9 日至 10 日，第六輪中美戰略與經濟對話開幕
式在北京舉行。汪洋作為中方主要負責人，與美國國務卿約翰‧
克里進行了會談。據說中方強調中美兩國要塑造新型的大國關
係，而克里則罕見直言：新型大國關係不能只說不做。

　　海外有評論分析稱，從汪洋目前的任職，以及對當下習近平
在全國範圍內推行的反腐、整風、改革政策，與汪洋當年執政廣
東時有很大的「共性」，可以說在政綱上，習近平和汪洋是「一
路人」，以此可以推斷未來汪洋的仕途仍然會穩中求進。很多人
斷言汪洋在中共政治格局中扮演的角色將不可小覷，「未來必將
成為紅人」。

第四節

三年前搶先獲悉
汪洋將進常委

　　2014 年 2 月，海外媒體曾傳出一份 2017 年中共十九大新中共中央政治局七常委名單，其中包括中共國務院副總理汪洋和中共中央辦公廳主任栗戰書。不過該報導隨後遭刪除。2015 年 4 月 20 日，有消息人士稱，栗戰書角色吃重，並在為進下一屆常委作準備。

　　《新紀元》周刊當時即獲悉，栗戰書和汪洋「肯定」進十九大常委。

鄧小平「南巡」 點名汪洋

　　汪洋出生於 1955 年 3 月 12 日，安徽宿州人，1972 年從食品廠工人做起。在文革末期，汪洋曾在宿縣地區的「五七幹校」當教員；後被選至中共中央黨校學習政治經濟學。

　　1981 年 10 月，時年 26 歲的汪洋被任命為共青團安徽省宿縣

地委的副書記。1982 年，他任共青團安徽省委宣傳部部長；一年後當選共青團安徽省委副書記。1984 年，汪洋任安徽省體委副主任；三年後升主任。

1988 年 11 月，汪洋出任安徽省銅陵市委副書記、代理市長，成為當時中國最年輕的正廳級幹部之一，時年 33 歲的他被當地人稱為「娃娃市長」。當時，銅陵是個較小而且貧困的省轄市，在銅陵四年，汪洋對當地舊體制動刀，引起了中央高層尤其是鄧小平的關注。

1992 年初，鄧小平南巡視察安徽。有說法稱，在與安徽省高層會談中，鄧點名要汪洋參加。銅陵市至今仍是中共在安徽省改革開放的示範城市。會見後，鄧對汪印象深刻，認為他是個人才，從此汪洋得到鄧小平大力提拔。

知情人士透露，關於鄧小平接見汪洋的說法版本不一，很難有人能準確判斷，但有一點是可以肯定的，那就是鄧顯然在見汪洋前就已注意到他。

此後不久，汪洋調離銅陵，任安徽省省長助理兼省計委主任。1993 年，38 歲的汪洋任安徽省副省長。

朱鎔基稱汪洋「膽子不小」

不少媒體報導說，汪洋在安徽任常務副省長分管財稅工作時進行一項改革，時任國務院總理的朱鎔基說他「年紀不大、膽子不小」。

1999 年 9 月，汪洋調入中共國務院，任前國家發展計畫委員會副主任。

2003 年 3 月，在溫家寶接任中共國務院總理後，汪洋被任命為國務院副祕書長，負責國務院辦公廳的日常工作，並兼任中共國家機關黨組副書記、國務院三峽工程建設委員會委員等職。

2005 年 12 月，汪洋接替黃鎮東出任中共重慶市委書記。2007 年 10 月，在中共十七大上當選為中央委員，並在中共十七屆一中全會上，調升「兩級」，當選中央政治局委員。

汪洋在廣東對撞江派勢力

2007 年 12 月 1 日，中共中央決定調汪洋任中共廣東省委書記，任期至 2012 年 12 月 18 日。

汪洋上任前曾專程到北京會見胡錦濤。他一到廣東就挑戰削弱江澤民的「三個代表」，試圖把廣東建成胡的「科學發展觀」實驗基地，同時進行反腐，並清剿江派勢力，指使廣東媒體跨界調查揭露上海貪腐案。

2009 年，廣東爆發官場大地震，原廣東省政協主席陳紹基、省紀委書記王華元、深圳市長許宗衡被中紀委革職查辦，廣東官員人人自危。知情人士表示，汪洋治貪，曾得中南海意旨。胡錦濤近兩年內三次視察廣東，力挺汪洋和「廣東模式」。

汪洋利用前中國首富黃光裕案，清洗大批政法系周永康人馬、江派廣東幫高官，並把前中共公安部長助理鄭少東拉下馬。

此後，汪洋又向周永康和江澤民情婦、前廣東省委副書記黃麗滿等開刀，黃麗滿的心腹、深圳原副市長梁道行落馬。另一方面指示廣東媒體揭露上海幫太子黨俞正聲，以及他與江的情婦陳至立和兒子江綿恆勾結的貪腐黑幕。

2012 年 2 月起，廣東進行「打黑」行動。在汪洋主導下，數百名涉案官員被「雙規」，查出官員之多、涉及範圍之廣、腐敗鏈條之長、貪污級別之高震撼官場，眾多廣東官員人心惶惶。

汪洋十八大入常受阻

2012 年 9 月，有江系媒體放風稱，即將召開的中共全國第 18 次代表大會已確定中共中央政治局常委將減少為七人，這七人分別是習近平、李克強、張德江、王岐山、劉雲山、張高麗、李源潮。

外界有分析認為，這是江派精心挑選的名單，放風的目的是投石問路，在十八大前試探中共黨內外輿論的反應。也反映出汪洋是江派重點阻擊入常的對象。

2012 年 11 月 13 日，在中共十八大召開之前，英國 BBC 中文網援引《紐約時報》的消息稱，葉劍英家族在廣東省的利益非常廣泛，但汪洋提倡反腐敗和反裙帶關係，葉家因此同廣東省委書記汪洋有過衝突。從 2011 年開始，葉家一些人就開始活動，聲稱汪洋政治上不可靠。

汪洋最終沒能成為中共十八大的常委，個中原因說法頗多。有說法指因為胡錦濤防止中共倒掉，而「犧牲」掉了汪洋的入常；也有消息稱汪洋十八大入常之路因為李鵬的關係而被毀掉。但是在胡錦濤結束「老人干政」之後，汪被看好，今後升遷應不是問題。

有北京消息人士稱，北戴河會議後汪洋在常委名單上，也確實是副總理人選之一。多個媒體的報導指：「汪洋入不了常，主

要是遭到李鵬和尉健行的強烈反對，他們向胡錦濤告狀說，汪洋早前的一些講話是反黨言論。」

據稱，在十八大人事安排的關鍵時刻，李鵬找到胡錦濤，談了很長時間。就十八大的人事安排，主要針對常委人選中的汪洋和李源潮不放心，他們的說法是，汪洋、李源潮不僅有支持「六四」的言論，更有與中共黨中央非常不一致的活動跡象。

據稱李鵬指明汪洋的「罪狀」之一，即是在薄熙來倒台後，一度盛傳的平反「六四」傳言，是由廣東方面的人馬放出，意在向中共中央施壓，迫使中共考慮其自身政治形象，做出平反「六四」決定。

2013 年 3 月 16 日，在中共兩會上，汪洋當選中共第 12 屆國務院副總理（排名第三），分管農業、水利、防汛抗旱、扶貧開發、商務、旅遊。

汪洋受到習近平和李克強重用

中共十八大以來，汪洋不斷受習近平、李克強重用，已兼任多個國務院系統領導小組負責人職務：國務院長江三峽工程整體竣工驗收委員會主任、中央農村工作領導小組組長、國務院扶貧開發領導小組組長等。

汪洋還頻頻參加外交接待事務，特別是第六輪中美戰略經濟對話，汪洋為中方負責人。汪洋並接連出席習近平召開的「依法治國」黨外人士座談會與列席人大司法相關會議，顯示汪洋在中共高層政治和經濟活動中充任重要的角色。

第六章

想推政改的王滬寧

「三代帝師」王滬寧是中共現任級別最高的學者型官員。他曾幫江提三代表理論；幫胡提科學發展觀；曾提出「新權威主義」，與習近平的謀略一致。如今他晉升政治局常委，成為習的首席高參、戰略層面的政策設計師。

王滬寧入常料將接替劉雲山主管黨務和意識型態。他被視為十九大入常的「黑馬」之一。（Getty Images）

第一節

遭劉雲山嫉恨
王滬寧書單蹊蹺被刪

王滬寧（後）寫的書多為分析西方的
民主體制，受習近平（前）重用，而
遭到極左江派劉雲山的嫉恨，並不令
人意外。（Getty Images）

　　有「中南海不倒翁智囊」之稱的王滬寧，2015 年底遭到劉雲
山掌控的中宣部「封殺」。

　　許多分析認為，王滬寧將在十九大替代劉雲山進入政治局常
委。也許出於嫉恨，劉雲山封殺王滬寧，也就不足為奇了。

　　號稱「三代帝師」、「中南海不倒翁智囊」的王滬寧，曾
經幫江澤民提出過「三代表理論」，又幫胡錦濤提出過「科學
發展觀」，而如今習近平提出的「中國夢」，據說也有王滬寧的
「貢獻」。

　　這樣一個「三朝元老」，按理說順風順水，沒想到近日卻遭
遇劉雲山掌控的中宣部「封殺」，蹊蹺的是，封殺的不是他的新
作，而是以往出版過的書籍清單。

「王滬寧出過的政治書」被刪除

2015 年 11 月 27 日，大陸無界新聞發表報導，列出中南海「智囊」王滬寧出過哪些「政治書」。

文章表示，中央政治局委員、中央政策研究室主任、中央全面深化改革領導小組祕書長兼辦公室主任王滬寧，是中共現任級別最高的「學者型官員」，也曾是中國最年輕的副教授。至今 20 年裡，他成為中南海最高層的智囊。

文章說，生於 1955 年 10 月 6 日的王滬寧，剛過完其 60 歲生日。「和李克強總理一樣，今年都是本命年。……王滬寧籍貫山東萊州，這裡以前叫做掖縣。這個地方出了很多名人，除了王滬寧，還有商界的『海爾』張瑞敏、『華遠』任志強、『飛天金鷹雙獎得主』鮑國安等等。」但王滬寧出生在上海。

愛學、愛讀，是許多文章關於王滬寧的描述。1971 年，16 歲的他初中畢業，因體弱多病，沒有上山下鄉，留在家裡繼續自學。1972 年，王滬寧前往上海師範大學幹校外語培訓班學習，直至 1977 年成為上海市出版局幹部。

1978 年，王滬寧考上復旦大學國際政治系國際政治專業研究生，是改革開放後第一代政治學研究生。他於 1981 年畢業留校，任國際政治系教師。四年後的 1985 年，年僅 30 歲的他破格晉升副教授，成為當時全國最年輕的副教授，並因此聞名學界。

在復旦，從學生到法學院院長，王滬寧度過了 17 年時光。1995 年進入中央政策研究室，負責起草黨代會中共中央委員會工作報告以及中共中央高層重要講話等，被學界形象為「中共核心智囊」。

　　文章還概況介紹了王滬寧的部分政治書籍。如出版於 1987 年 5 月的《比較政治分析》被認為是王滬寧最具代表的作品，當時他僅 32 歲。

　　1988 年，王滬寧到美國愛荷華大學、加州大學伯克利分校擔任訪問學者。期間他走訪了 30 餘座城市和近 20 所大學，並在數十個政府和私人部門做了調查，最終完成了《美國反對美國》一書。

　　這本書中，王滬寧細致描寫了美國總統的就職儀式，並闡述了自己的看法：「政治規矩和政治傳統之所以有作用，在於它們能保護統治階級內部不同團體之間的權力關係。」「任何政治體制，最根本的問題之一是如何進行權力交替。這個問題不解決，社會就難以有一個持續的穩定的政治秩序。」

　　1994 年王滬寧擔任復旦法學院院長期間發表了《政治的邏輯》；而 1995 年 1 月出版的《政治的人生》，是王滬寧的「日記書」。

　　王滬寧至少出版過兩本「反腐專著」：1990 年的《腐敗和反腐敗——當代國外腐敗問題研究》和《反腐敗：中國的試驗》。

　　學法語的王滬寧，還參與翻譯了法國重要思想家雷蒙·阿隆的作品《社會學主要思潮》，阿隆分章對比研究了孟德斯鳩、孔德、馬克思等社會學家的思想及著作，被譽為社會學史經典之作。

　　王滬寧還編譯了《從「理想國」到「代議制政府」西方政治學名著釋評》，這本書囊括了柏拉圖的《理想國》、亞里士多德的《政治學》、托馬斯·莫爾的《烏托邦》、讓·雅克·盧梭的《論人類不平等的起源和基礎》、托馬斯·潘恩的《常識》、黑格爾的《法哲學原理》等經典著作的釋評。有人說，這次習近平訪美

時談到《常識》等書，就與王滬寧的推薦有關。

無界新聞網的文章還說，王滬寧也愛看「武俠」小說，特別對金庸的《射鵰英雄傳》評價很高，稱「如何突發異想，把本來的平平淡淡，看得異軍突起，這樣才能有創造性。據說，有的大科學家在訓練學生時，首先要他們看武俠小說。」

封殺王滬寧的民主政治思想

按照常理，王滬寧作為中共政治局委員，習近平的深改小組辦公室主任，在中共官場裡「位高權重」，一篇介紹他已經出版的公開書籍的文章，沒有任何祕密或敏感點可言，然而，不但在無界新聞網被刪，連財新網在內的其他大陸網站的轉載也大多被刪除，不難看出，這是網站主管得到上級指示後的統一刪除動作。

主管宣傳口的劉雲山，為何要「封殺」王滬寧呢？

我們可從兩方面來分析：一是從他寫的書籍內容入手，二是從王滬寧這個人的變化入手。

從王滬寧寫的書來看，不少是學習分析了西方的民主體制，王滬寧有幾個觀點廣為人知，如：「推行政治體制改革和推進民主政治，必須有統一和穩定的政治領導」、「以黨內民主帶動和推進全社會的民主」。如今習近平大權在握，成了「統一穩定的政治領導」，這時中共是否應該「推行政治體制改革」了呢？是否應該推進民主政治了呢？至少，應該在中共黨內搞民主，以帶動全社會的民主。

這些觀點與人們分析的「習近平可能走上蔣經國道路」有很多融合之處，深化改革，不光是經濟改革，更要有政治改革，這

正是江澤民等既得利益集團最不願失去的。從這個角度看，以極左著稱的劉雲山，當然不希望人們看到王滬寧的這些書單。

2015 年 4 月，習近平力推的「一帶一路」領導小組的「一正四副」名單公布：國務院副總理張高麗擔任小組組長，四名副組長分別為中共中央政策研究室主任王滬寧、國務院副總理汪洋、國務委員楊晶和國務委員楊潔篪。

當時韓媒《中央日報》報導，有預測稱，在兩年後舉行的第十九屆黨代會上，王滬寧將可能會取代現在擔任宣傳和意識形態的劉雲山，進入中共政治局常委。

人們發現，最近習近平出訪或視察，經常出現在其身邊的「左膀右臂」就是栗戰書和王滬寧。很多分析認為，王滬寧十九大替代劉雲山進入政治局常委，這是很靠譜的事。也許是出於嫉恨，劉雲山封殺王滬寧，也就不奇怪了。

不過，此外還有更深層的原因。

拋棄江澤民 稱「第三代核心」不科學

2015 年 9 月，中共中央黨校大門口的江澤民題字石被移走一事，被外界普遍認為是黨內「去江化」的標誌性事件，一度在海內外引起強烈輿論關注。針對前黨魁江澤民的「去除新動向」，早已有行動可循。

2015 年「七一」前夕，任中共政治局委員及中央政策研究室主任的王滬寧，在中央書記處會議上，以及在中共中央部委辦負責人會議等場合，均特別提出：黨內習慣把江澤民擔任總書記期稱為第三代領導核心，把胡錦濤擔任總書記期稱為第四代領導核

心，這樣不科學、不符合實際，形而上學把兩屆任期定為一代，接著就會產生政治上、方針上、政策上一系列的問題。

他還強調，在今後黨的文件上、黨史上都要作出必要的糾正，不能含糊。

據說這並非王滬寧第一次傳出否定江澤民的言論。據《爭鳴》雜誌 8 月號刊文報導，2015 年 7 月上旬，在中共中央政治局組織生活會上，王滬寧因迫於形勢和黨內舉報的壓力，在王岐山親自找其談話後，於會上作了自我反思和檢討，承認錯誤，請求辭職。

報導說，王滬寧除了承認自己有斂財、貪色及洩密等「錯誤」，還承認當年是「違心」與曾慶紅推出「三個代表」江理論，並錯誤參與進行大樹特樹等等。

時政評論人士唐靖遠指出，王滬寧被外界稱為自胡喬木以來官階最高的所謂黨內「理論家」，這樣的一個人在多個高級別會議上公開質疑江澤民「第三代核心」地位，顯然不是一個孤立的個人行為，應當是現任最高當局一種政治意圖的體現。

這個意圖，很可能是要為最終「倒江」作必要的程式鋪墊。換言之，這是對江澤民全面重新評價、定位的開始。

2014 年《動向》雜誌 10 月號曾經刊文披露，在 9 月 28 日的政治局生活座談會上，胡錦濤曾經嚴詞批評江澤民違背了五項原則干政，使得相關工作受到無形壓力和巨大干擾。他列出江澤民從 2003 年至 2012 年向中共政治局提出的「建議」、「意見」多達 400 多條；提名中共中央至地方省級領導人選 170 多名；因為江澤民的「看法」、「意見」，造成擱置的政策和決議等多達 155 項。胡錦濤在會上還提議習近平本著求真務實立場，對江澤民作全面評價。

2015 年 5 月，中共國防大學教授馬駿在一次演講中語出驚人：「現在習近平出來，可謂恰逢其時！他是真正的第三代領導核心。」馬駿此話等於把江澤民踢走了，馬駿的軍方身分，使他的話比較有分量，也許是高層直接授意所為。

劉雲山會成為「周永康第二」？

作為江澤民派系的主要人馬，劉雲山反對改革的態度，可從他前不久出訪北韓傳回的照片相印證。原本習近平要派國家副主席李源潮去北韓，卻被金正恩拒絕，後來出訪的是劉雲山。

2015 年 10 月 9 日，劉雲山帶隊出席北韓勞動黨成立 70 周年活動並對北韓進行訪問。10 月 10 日，劉雲山與北韓領導人金正恩在閱兵儀式上「手牽手」亮相。

港媒的文章對此評論說，在閱兵主席台上，劉雲山和金正恩不時交流對話，時而向台下揮手，時而笑容滿面，這不禁讓人想起周永康當年也有驚人一致的如此「風采」，同樣的地點、同樣的神態，可說是歷史再現。

文章表示，冥冥中，就讓人禁不住想劉雲山和周永康會殊途同歸。有趣的是，看到這場景有類似聯想的人大有人在。看來放倒劉雲山，還是有相當民意基礎的。

文章進一步表示，徐才厚、郭伯雄等「槍桿子」倒了幾個，周永康這個「刀把子」也落馬了，現在也該輪到一個「筆桿子」了吧！

值得關注的是，在隨同劉雲山此次出訪北韓的官員中，有一名習近平在福建時的舊部、現任中央外辦常務副主任宋濤。

有分析認為，宋濤隨劉雲山一同訪朝，大陸官方媒體報導都稱「罕見陪同政治局常委出訪」，這已經點名了宋濤的隨訪不僅僅是外交任務，更多的作用是對劉雲山起到一種「監軍」的作用，防止劉雲山不守「政治規矩」。

中國大變局將至

王滬寧曾提出，「在經濟發展達到一定水準之後，這些潛在的衝突萌芽就會生長出來，引起政治不穩。」並補充說：「當社會發展到這一步時，政治方面的改革就勢在必行了。」

王滬寧提到的「政治不穩」如今在大陸已經表現得相當明顯，連中共高層也多次提到「亡黨危機」。近幾年來，習近平、王岐山亦多次提到「亡黨危機」。

近一個時期，中南海高層包括習近平本人屢有破格之舉，發出了很多與以前不一樣的信號，引起各方關注。同時，中共體制內學者接連公開預警中國將有「大變局」。

大陸學者焦國標就中國大陸出現的訴江大潮表示，從中國歷史上看，控告江澤民是一個里程碑事件。

第二節

王滬寧提新權威主義
為總統制鋪路

2016 年 4 月，中共國家行政學院教授汪玉凱接受外媒採訪時提到，中國未來可以由國家主席制變為總統制，他認為形式並不是最主要的問題，關鍵是制度設計的科學性和合理性。即使中國的政治體制變為總統制，從目前中國的政治生態看，必須是「系統性改革」。

中共已故大將羅瑞卿的兒子羅宇曾表示，習近平將來肯定要「顛覆」點什麼事，可能按照選總統的方式來，「誰選上誰來當。」

傳王滬寧率先提出「習核心」

大陸有十多個省市書記在 2016 年先後公開喊出「習核心」，並強調「核心意識」。海外多維新聞網 2016 年 2 月 2 日的文章表示，有消息稱，「習核心」的提出者是習近平出行時幾乎與他不離左右的中共中央政治局委員、中央政策研究室主任王滬寧。

在習江激烈交鋒的過程中，港媒多次報導，王滬寧曾多次幫助習近平陣營打擊江派人馬，包括中共前黨魁江澤民和劉雲山等。

據報，2016 年「七一」前夕，王滬寧在多次會議上提出，把江澤民稱為第三代領導核心不科學、不符合實際。在今後中共的文件上要做出必要的糾正，不能含糊。

港媒此前報導，中共中辦主任栗戰書罕見圈掉有關省報告中「三個代表」的提法。

從地方到政治局都密集強調「核心意識」，喊出「習核心」。2016 年 1 月 27 日，在中共中央直屬機關工作會議上，中辦主任、中央書記處書記栗戰書要求中共官員「要增強核心意識、看齊意識」、「絕對忠誠」，始終與習近平「中央保持高度一致」等。

2016 年 1 月 29 日，習近平召開政治局會議，審議政治局常委會聽取和研究中共人大常委會、國務院、政協、最高法院、最高檢察院黨組工作彙報和中央書記處工作報告的綜合情況報告。會議中強調「增強政治意識、大局意識、核心意識、看齊意識」等。同日，官媒高調力推「學習小組」的文章《習近平的四大「核心能力」》。

早在 2015 年 5 月 22 日，中共國防大學教授馬駿在一個時長為三小時的講座中說：「現在習近平出來，可謂恰逢其時，他是真正的第三代領導核心。」一名資深新聞界人士表示，馬駿的這個講話，不僅加冕了習近平「核心」之位，更把江澤民直接踢下了第三代中共領導核心的位置。

消息人士牛淚援引得到的消息披露，習近平的核心地位已在中南海高層中形成共識。如果不出意外，應該在 2016 年「兩會」

上，最遲不超過十九大，就會正式確立「以習近平為核心」的領導地位。

王滬寧新權威主義為習總統制鋪墊

中共十八大上，王滬寧晉升政治局委員，從幕僚走到了前台，成為黨國領導人；在習近平從江澤民集團手中奪回權力之爭中，王滬寧又成為中央全面深化改革領導小組祕書長兼辦公室主任。上世紀 80 年代，王滬寧提出「新權威主義」，這與習近平的謀略一致。並且王滬寧在高級官員中還算是少有的對世界、對西方有一定認識和了解的人。在中共十八大三中全會《中共中央關於全面深化改革若干重大問題的決定》出爐後，也曾力爭「新權威主義」的中國歷史學家蕭功秦認為：「習近平代表著中國新權威主義黃金時代的到來。」

蕭功秦說：「現在集中權力很重要。這個時期需要一個強人，一個強有力的領導人……」

大陸另外一名著名學者吳稼祥也認為：習近平通過三中全會集大權有利於改革，他對習近平的這種戰略持審慎樂觀態度。

《紐約時報》在 2015 年 9 月末發表了文章《中共智囊王滬寧的集權政治見解》，通過王滬寧在十多年前發表的一篇文章來解讀王滬寧。2015 年 9 月 28 日，《紐約時報》還發表了一篇文章《習近平和他的核心集團》，裡面也較多地提到了王滬寧，此外還有栗戰書、劉鶴等人。

習近平參加的一系列國際會議，訪問的一系列的國家，在新聞報導中，不斷重複出現王滬寧、栗戰書、楊潔篪。王滬寧的身

分雖然仍像過去一樣，十分低調，僅僅是一個政治局委員和「中央政策研究室主任」而已，但在習近平出國訪問、以及博鰲亞洲經濟論壇中已經盡顯他的重要性，實際上是習的首席高參，是戰略層面的政策設計師。

2012 年 3 月 27 日，中共江澤民集團的原定繼承人原重慶市委書記薄熙來被雙規後，王滬寧的一篇《「文革」反思與政治體制改革》經再次修改發表了第五稿，其中有許多內容都作了重大修改。

大陸著名學者、詩人、小說家航億葦再次發表評論稱：「王滬寧這篇文章的觀點我們看過許多了，我有興趣的是他仍然還高居習總第一高參的位置。他的觀點與前一段時間『兩報一刊』的觀點截然相悖，為什麼沒有作為『異見人士』給拿下來。這簡直是一篇當今政治改革的宣言，強調三權分立；但改革之初，還必須經歷一個像蔣經國那樣的『獨裁』的時期（話說得極其隱晦）。」以此文為導向，可以看到習領導今後改革的大致步驟和脈絡已經盡在其中了。

航億葦認為：「我想，這篇文章現在在網上流傳，是有背景的：在各派政治力量的暗鬥劇烈的當今，習自己不便出面，只能採用上述方式，向國內外表達他的治國理念了。」

中央政策研究室主任王滬寧在《「文革」反思與政治體制改革》一文中有這樣的描述：「一個完善的、良好的政治體制應能阻止『文革』發生，因為『文革』的發動、組織、活動均超越了憲法和法律範圍，但當時的體制沒這種能力。1954 年憲法建立的政治體制一下就被『文革』破壞，這值得仔細研究。」

「所以遵守憲法體制很重要，如果不按憲法和法律的規定就

可以將公民帶走，干涉他人的人身自由，或用暴力威脅其他公民甚至衝擊學術活動而不受追究，就有文革死灰復燃的危險。20 年前，中國大地上發生了一場給中國人民帶來深重災難的『文化大革命』。10 年前我們翻過了這沉重的一頁。然而我們有理由不時反思那場內亂。以防止這樣的災難再次發生。」

王滬寧在此文中還稱：「毛澤東時代的中國沒有三大權力的分立和制衡，卻有三大人禍：1957 年反右，打了 300 多萬右派；1958 至 1960 年高舉三面紅旗打了 300 多萬右傾機會主義分子，餓死 4000 多萬人；1966 至 1976 年『文革』整了一億多人，其中死了 2000 多萬人。」

此文稱：「一個民族應該把自己最令人痛心的教訓當作一面鏡子，時時擦拭，時時映照，以便一代又一代的人不重犯歷史性的失誤，使整個民族能夠持續進步。『文革』的發生不是偶然的。從觀念上說，沒有及時把工作重點轉移到經濟建設上來，在剝削階級基本消滅的情況下繼續堅持『以階級鬥爭為綱』、『破字當頭』等思想路線，是一個直接思想根源。然而，沒有一定的條件，『文革』是難以形成的。除了歷史、社會、經濟、文化等各個方面的原因外，政治體制不完善、不健全是一個不可低估的原因。」

「有人說，政治制度改革難就難在高層，其實世界上沒有不難的事，高層也要靠老百姓來推動。」

《中國出了個蔣經國》影射習近平

2014 年 11 月 28 日，一篇題為《中國出了個蔣經國》的文章影射意味濃厚。網上公開資料顯示，此文作者曾在澳洲《悉尼時

報》等海外媒體任總經理兼副總編輯等職。2014 年 12 月，此人還被任命為國際新媒體合作組織主席。有港媒披露其人更隱蔽的身分，指其有國安背景，並稱此人是王滬寧的「愛徒」。

文章說，蔣經國「打內心深處意識到，獨裁者沒有好下場，誰能領導『國家』走向民主，誰就是偉人。於是，我們看到了一個怪異的現象，他對那些要求解除報禁、黨禁的異議人士絕不留情，而最後卻由他親自動手實現了異議人士的願望」。

此文被指是奉命而作。港媒分析此文表示，文中闡述蔣經國「解禁」前的布署與困境，字裡行間卻予人「以蔣喻習」的感覺。明眼人不難看出，作者分明是想讓讀者順理成章地得出另一款句式：「中國出了個習近平」。港媒引用文中的句式比喻說，習近平必行蔣經國之路。

美國紐約城市大學政治學教授夏明曾表示，世界現代政治制度有總統制和議會制兩種，前者是總統統管國家所有的行政大權，總統由選民選舉產生，行政權力受立法機關國會的制約，但總統權力不是由國會授權的。議會制也被稱為內閣制，行政首長由國會的多數派掌握，行政機構由國會授權。

夏明認為，習近平正在向接近總統制的方向走，對中國政體作出較大改變。

王滬寧的憲政觀

在王滬寧的文章中提及對憲政的研究，他認為：世界憲政潮流成熟於 18 世紀的美國與歐洲，流行已達數百年。憲政潮流的四大基本原則——三權分立、多黨競爭、普遍選舉、新聞自由，

在國際社會逐漸深入人心，成為人們判斷政治體制優劣進退的一面鏡子。不是嗎？上個世紀莫斯科兩度易幟——1917 年升起了紅旗；1991 年 8 月 22 日俄羅斯總統葉利欽發布命令，用歷史上的俄羅斯旗幟（白、藍、紅三色旗）取代了鐮刀斧頭紅旗，重新作為俄羅斯的國旗。對此評價眾說紛紜、莫衷一是。按不同的標準，可以得出截然相反的評判。而用世界憲政潮流的四大基本原則來對照，就一清二楚了。

蘇俄反憲政潮流 70 餘年，終於陷入了天怒人怨的汪洋大海。最後時刻，蘇共中央通過前蘇聯副總統亞納耶夫等高官在 1991年 8 月 19 日發動政變，試圖挽救危局。然而，廣大人民群眾害怕重新回到那種一黨一派壟斷政權、草菅人命、控制選舉、扼殺新聞自由的恐怖生活中去，因而都不支持「8・19」政變，政變三天就失敗了。廣大公民和他們的代表唾棄了反憲政潮流的政治體制，以致於共產黨員占最大比例的蘇聯最高蘇維埃 1991 年 8月 29 日緊急會議以 283 票贊成、29 票反對和 52 票棄權的壓倒性多數通過決議：停止蘇聯共產黨在蘇聯全境的活動。

歷史終於宣告，1991 年三色旗在俄羅斯重新升起，是順應世界憲政潮流的進步之舉。循此思想方法，我們也就不難評估那個時代的東歐劇變，新世紀以來的喬治亞、烏克蘭、吉爾吉斯事變，以及未來還可能發生的此類事變。所以說，以憲政潮流為鏡，可以幫助我們識別歷史變遷。

無論在中國還是前蘇聯、東歐各國，對政治體制改革的必要性的認識，都提到了相當的高度——「不改革，就會亡黨亡國」。但是究竟如何改，以什麼為參照系，對未來新的政治體制應當怎樣設計和建設，則是一個需要深入研究的大問題。

復旦校友眼中的王滬寧

　　王滬寧占據中共政治局的一席之位，並連續成為三屆中共領導人的左膀右臂。這在派系鬥爭激烈的中共高層來說實屬不易。

　　夏明，紐約城市大學政治學教授，他曾跟王滬寧在研究生宿舍以及後來工作時的辦公室都是鄰居。他介於學者和民主活動人士之間。這也是許多有強烈良知的中國知識分子對自己的定位。

　　這兩人先後入讀復旦大學。夏明是在 1981 年 16 歲入讀，王滬寧是在 1978 年 22 歲入讀。在接下來的十年，他們生活和工作的空間曾經很接近。多年之後，夏明跟王滬寧的前妻仍然保持著親密朋友的關係，曾經在家中招待來美訪問的她。

　　英文《大紀元》報導說，這兩個男人的故事生動的展示了現代中國知識分子的命運：幫傭型文人用時尚的理論武器為統治階級裝扮，可以爬得高；而那些希望出演士大夫傳統角色，謹守正直誠信等品質，相信「批評統治者是自己的道義責任」的知識分子，卻只能流亡他鄉。

　　夏明向《大紀元》談起前同事王滬寧說，他是一個非常謹慎的人。他不想在任何事情上選邊站。他會提出他的一些觀察，但是他不會透露他的真實顏色。「這是他的性格。他不想透露他的真性情。」

　　另外一名流亡學者陳奎德，曾經是「文革」後復旦大學的首位哲學系博士生。他跟王滬寧同年入校。他們曾經住在相同的學生宿舍三年半。陳奎德現在是網路政論雜誌「縱覽中國」主編。

　　陳奎德告訴《大紀元》：「我們是親密朋友。他寫現代詩。我們會一起出去玩耍。但是他不喜歡說太多話。他極度小心。」

第三節

王滬寧入常搞改革
不要心存幻想

1949 年中共建政後，在其暴政統治下，約有 8000 萬中國人因中共歷次運動而非正常死亡，這一數字超過兩次世界大戰死亡人數的總和。（AFP）

　　不少專家認為，王滬寧這個理論家能擔任政治局常委，這是十九大令人感到吃驚意外的事。不過《新紀元》周刊早就認為他能入常，因為沒人比他接替劉雲山更合適的了。很多人把王滬寧當成學者，其實他早就是中共高官了，往上升入常委，也是水到渠成的事。《新紀元》周刊在 2017 年 2 月出版的新書：053《中南海政治化妝師 王滬寧》中，詳細介紹了王滬寧的生平經歷，以及他將為習近平出的主意。

王滬寧意外入常 習重視意識形態

　　政論家胡平表示：這是「『六四』以來從來沒有過的現象，

由理論家出任政治局常委。此舉說明習更重視意識型態方面工作，他需要這麼一個人，第一，幫著他包裝、充實所謂『習近平新時代社會主義思想』，進一步充實肯定由王滬寧來包裝，不可能讓習近平自己去動腦子。」

「因為毛時代意識型態非常強，到了鄧以後意識型態越來越淡，現在習近平想重新強化意識型態色彩，所以他啟用王滬寧理論家出來擔任最高級別職務。」

坊間流傳王滬寧相對比較開明，胡平介紹，在 80 年代時王滬寧就嶄露頭角，「六四」之前就算是一個後起之秀。「雖然他的東西在我們看來還是官方色彩太濃，但是整個 80 年代氣氛比較寬鬆、自由化。他的思想雖然被歸為官方正統，但是在當時整個大氣候之下仍顯比較開明色彩。只是現在經過二到三十年之後，現在想法是不是會有些變化？他現在一定同樣那麼開明，那可不一定。」

「未來中共政權遇到更大危機，逼迫習近平作各種各樣的變化。」胡平表示，「但爆發是什麼形式，習近平將來會以什麼方式應對危機，目前很難預料。」

資深媒體人姜維平也認為，新常委中兩個上海人王滬寧和韓正是看點，尤其是韓正入常是習近平打開江澤民大本營的鑰匙。對習近平團隊的走向，他呼籲外界要觀察一段時日，不要立即下結論。

他在節目中表示，王滬寧的入常令外界跌破眼鏡，王是躲在幕後的一位學者型的領導幹部，曾先後給江澤民、胡錦濤做幕僚，現在繼續給習近平做智囊，提供了很多的建議，起草很多文章。「王滬寧從幕後走到前台，已不僅僅作為智囊，而是直接參與到

未來中國的決策層了。現在常委中他的位置也是舉足輕重的。未來五年，可以想像他將為習近平發揮很大的作用。」

姜維平強調，習近平重用王滬寧的原因之一，就是他本身沒有幫派色彩，也很少培植嫡系和親信。

王滬寧沒接中央黨校 陳希任校長

王滬寧入常後，接替了劉雲山。不過 11 月 3 日新華社消息稱，中共中央政治局委員、中央黨校校長陳希出席中央黨校秋季班「畢業典禮」。這是陳希首次以中央黨校校長身分亮相，這意味著王滬寧在黨校位置上，沒有接班劉雲山。

中央黨校歷來是中共意識形態重鎮，也是權鬥重地。自江澤民上台前後至今，黨校校長先後由喬石、胡錦濤、曾慶紅、習近平和劉雲山擔任，其中曾慶紅和劉雲山都是江澤民心腹。

64 歲的陳希和習近平是清華大學化工系的同窗，陳希曾擔任清華大學黨委書記，後短暫出任遼寧省委副書記，再回京任中科協黨組書記兼常務副主席、書記處第一書記，躋身正部級。習近平正式入主中南海後，2013 年 4 月，習近平將陳希調到掌管人事大權的中組部，擔任常務副部長，陳希因此成為幫助習近平在多個省部級重要位置上用人的「布局操盤者」。

除了私人關係，從管理培訓幹部的角度來看，中組部部長兼任中央黨校的校長，這也許更有效。這也意味著中央黨校的降級，不再由常委兼任。有評論認為，陳希擔任黨校校長，顯示習近平藉親信布局，進一步奪回江派地盤。

傳劉鶴可能接替王滬寧

王滬寧離任中共中央政策研究室主任後，有消息說，習近平的中學同學劉鶴可能接替王滬寧的職位。他說，習近平當局現在的供給側改革據悉就是劉鶴的主張。

現年 65 歲的劉鶴，長期擔任中共中央經濟領域的「核心智囊」，曾參與制定五、六份所謂的「五年計畫」。

習近平上台後也相當倚重劉鶴，幾乎每次視察或出訪都有他陪同。劉鶴被指是習近平的首席金融和經濟顧問。據悉，習曾向來訪的美國官員介紹劉鶴說：「他對我非常重要。」

早在 2016 年 9 月，港媒《政經》曾援引北京政情知情者的話說，習近平身邊的「大紅人」劉鶴最大可能是取代王滬寧的角色，擔任中央政策研究室主任一職並進入中共政治局，也有可能出任副總理或國務委員。

不過，劉鶴在中共十九大躋身政治局委員後，一些外媒認為，劉鶴可能出任中共副總理，主管金融監管部門等。

王滬寧接連出席重要會議

11 月 1 日，中共當局召開了貫徹十九大精神的「中央宣講團動員會」，10 月 25 日晉升中共中央政治局常委、中央書記處書記的王滬寧出席會議並講話。新任政治局委員、剛剛履新中宣部部長的黃坤明主持會議。

王滬寧說，宣傳團要做好本次「宣講工作」，引導官員維護習近平的「核心地位」。十八大時是劉雲山來負責這個宣傳工作，

這顯示王滬寧已經接替劉雲山在開始工作了。

10 月 30 日，中共政協召開常委會，已卸任政治局常委但仍任政協主席的俞正聲主持會議，王滬寧出席並作專題報告。王滬寧稱，學習貫徹十九大精神，重中之重是學習領會相關的「習近平思想」，維護「習近平的核心地位」。與此同時，新任中宣部部長黃坤明則在人大作報告。

不要對共產主義心存幻想

王滬寧的入常，讓人們看到習近平對意識形態的重視，有人因此心生希望。但《紐約時報》2017 年 10 月 31 日刊發《不要對共產主義心存幻想》的文章，列數了各國共產黨的暴行，包括蘇共體制性饑荒導致了至少 500 萬人死亡。報導說，共產黨這種曾經奴役世界上約三分之一的人口、讓他們生活在水深火熱之中的意識形態，在沒有經過一場戰爭的情況下崩潰了，所有的人都看到了這種意識形態的惡行。

據《共產主義黑皮書》統計，在蘇共的統治下，至少有 2000 萬民眾死於非命，包括鎮壓工農起義、消滅富農、體制性大饑荒、宗教迫害、迫害異己、內部清洗和虐殺、臭名昭著的勞改營、卡廷屠殺案等。

據《九評共產黨》一書披露，不計中共建政前的各種政治運動及其挑起的國內戰爭死亡人數，僅 1949 年中共建政後，在其暴政統治下，約有 8000 萬中國人因為中共的「鎮反」、「土改」、「三反」、「五反」、「反右」、「大躍進」的浮誇風、文化大革命、鎮壓六四愛國學生等原因而非正常死亡，這一數字超過兩

次世界大戰死亡人數的總和。

　　共產黨是全人類的災難，在中國，不解體中共，每個中國人都沒有出路，包括當權者。

第七章

十九大黑馬：趙樂際

伴隨著十九大的落幕，中共人事交替結果已基本敲定。中組部長趙樂際以「十九大黑馬」的姿態進入政治局常委，接替備受矚目的中紀委書記王岐山的職務。趙樂際能否像王岐山一樣令江派貪官心驚膽戰，「寧見閻王，不見老王」？

中共十九屆一中全會上，中組部長趙樂際進入政治局常委，接替備受矚目的中紀委書記王岐山的職務。（AFP）

第一節

接替王岐山
新常委趙樂際打虎力度受關注

趙樂際接替中岐山出任新一屆中紀委
書記，擔綱反腐任務。（AFP）

趙樂際以黑馬之姿進入十九大常委，並接替中紀委書記王岐山之職，備受關注。現年 60 歲的趙樂際政治仕途順遂，先後擔任過青海省委書記、陝西省委書記，並在中共十八大上當選為政治局委員及中央書記處書記，之後又被任命為中央組織部長，成為習近平執政後的首任「人事總管」。

在近五年掌管中組部期間，趙樂際行事低調，鮮少見於公開報導，只是在任免重要省部級地方高官，如孫政才等人時，才出現在公眾視野中。這次召開的十九大，中共第二個最有權勢的高官王岐山將反腐肅貪「帥印」交給了趙樂際，引發外界對趙的政治生涯及背景的極大關注。

趙樂際從青海省官員步步晉升至中央，並最終得到習近平的

器重，可從三個方面來看他的仕途之路，包括他早年的官場生涯、轉升中組部長，以及趙家和習家的特殊關係。

曾是最年輕省長

趙樂際在青海省工作了約 30 年，2000 年 1 月當選為青海省省長時年僅 42 歲，成為當時中國最年輕的省長；2003 年 8 月升任省委書記，又成為中國最年輕的省委書記。有報導稱，趙樂際在任職青海省長及省委書記期間，青海的經濟增長速度頗快，大多數年分的年增長率超過 12％。

《中國經營報》當時在該文章中引述消息稱，趙樂際或在 2012 年下半年迎來新的職位變遷。果然在 2012 年 11 月 15 日舉行的十八屆一中全會上，趙樂際當選為新一屆政治局委員、書記處書記，並於 11 月 19 日任職中組部長。

在中組部積極配合 聯手中紀委反腐

英國《金融時報》曾刊發的一篇題為《鮮為人知的中組部》的文章，介紹中組部的重要性。文章稱，中組部是中共最鮮為人知的權力支柱，掌握著各級政府和行業的人事大權。在中國，除特例外，幾乎所有的對等職位都由黨通過中組部任命。

中組部對中共控制各級政府及企業人員不可或缺。在習近平五年的清肅官場、打擊腐敗的鬥爭中，趙樂際作為習當局的第一任中組部長，在為習「選賢任能」，向中共的人事體系輸送官員，並對官員進行考核、監督方面都扮演著非常重要的角色。

　　為響應習的反腐，中組部還和中紀委聯手進行官場大清洗。比如，中組部實行抽查領導幹部個人事項。外媒引述《人民日報》海外版 2014 年 12 月 9 日的報導稱，抽查的對象不僅有中管幹部，還有省部級後備幹部。後者屬於中共官場比較特殊的群體。

　　此外，針對習近平 2015 年 6 月 26 日在中央政治局會議上推出的領導幹部「能上能下」的若干規定，中紀委書記王岐山、中組部長趙樂際、中央辦公廳主任栗戰書，接連就巡視制度、人事任免等發表講話。外界稱，上述三人聯手釋放官場大清洗的信號，啟動習近平「能上能下」四字令。

　　2017 年 10 月 29 日，趙樂際首次主持召開了十九屆中紀委常委會第一次會議，就接下來中紀委的反腐動向做出表態。

　　王岐山退休，對於外界最為關注的反腐敗問題，趙樂際說，堅持和發揚十八屆中紀委的「好做法好經驗」，「不鬆勁、不停步、再出發」，按照中共十九大的布署和要求，嚴肅執紀，「奪取反腐敗鬥爭壓倒性勝利」，開創新的局面。

趙樂際的深層背景

　　趙樂際除了有一個顯赫的政治仕途外，趙家和習家還有一段特殊關係。趙的堂祖父曾與習父習仲勛有過「戰友之誼」。

　　香港《蘋果日報》2017 年 10 月 23 日引述消息稱，趙樂際的堂祖父趙壽山曾與習仲勛一道在西北共事，當時趙壽山任西北野戰軍副司令員，而習仲勛為副政委。

　　《炎黃世界》2012 年第三期介紹，趙壽山原籍陝西省戶縣，習仲勛出生於陝西富平縣，二人是鄉黨。1962 年 9 月，時任國務

院副總理兼祕書長的習仲勛，因《劉志丹》案被毛澤東打成「反黨集團」。趙壽山知道後，到中南海找到毛澤東，親自替習仲勛辯解。

到了 2007 年趙樂際主政陝西期間，趙將位於陝西富平的習仲勛墓地及故居擴建成陵園及紀念館，規模和規格僅次於毛澤東在天安門廣場的紀念堂，成為陝西繼秦皇陵後又一個名人陵園。

王岐山任內拿下多少「老虎」？

趙樂際主掌中紀委後，外界普遍關注他的反腐「打虎」力度是否如其前任王岐山一樣。因為王岐山任內，當局已拿下了周永康、令計劃、徐才厚、郭伯雄、薄熙來、孫政才這些「篡黨奪權」的江派「大老虎」；拿下了 440 名中管官員，包括 43 名中央委員與候補委員、9 名中央紀委委員。而這些落馬的中央委員、候補委員，基本都具有江派背景。

從十八大到十九大的五年來，在史無前例的反腐「打虎」運動中，王岐山助習近平拿下 200 多名江派高官，包括周永康、令計劃、徐才厚、郭伯雄、薄熙來、孫政才這些「篡黨奪權」的「大老虎」，他們都與江澤民關係密切。

第二節

中紀委監察委聯合辦公
趙樂際修習仲勛陵園

習當局 2018 年將成立國家監察委員會，並與中央紀委合署辦公。因為反腐敗「九龍治水」行不通。（Getty Images）

　　習當局 2018 年將成立國家監察委員會。中紀委副書記、監察部副部長肖培 2017 年 10 月 26 日稱，國家監察委員會與中央紀委合署辦公，是因為反腐敗「九龍治水」不行，必須「把拳頭攥起來」。

反腐機構將合併 「九龍治水」不行

　　中共十九大新聞中心於 2017 年 10 月 26 日舉行專題新聞發布會，中紀委副書記、監察部副部長肖培在會上稱，即將成立的國家監察委員會與中央紀委合署辦公，是因為反腐敗「九龍治水」不行，必須「把拳頭攥起來」。

這證實了以前《新紀元》周刊預測的，國家監察委將統領中紀委和監察部、國務院反貪局、檢察院反貪局等諸多反腐機構，將過去分散的行政監察、預防腐敗和人民檢察機關的反貪力量整合起來，攥成拳頭。

有記者提問，紀委與監察委員會合署辦公後「既執紀又執法」，是否意味著紀委權力擴大。肖培回應稱這只意味著「責任和擔當更大」。

肖培稱，國家監察體制改革試點會擴展至全國，先設立省市縣監察委員會，繼而成立國家監察委員會，巡視、派駐、監察全覆蓋。

趙樂際修習仲勛陵園獲賞賜？

2017 年 10 月 25 日趙樂際進入十九大常委，準備接班王岐山，第二天就有港媒吹捧其政績。文章說，自 2012 年出任中組部長以來，趙樂際在幹部選任方面，重視「基層歷練」，強調「不拘一格」，同時改進後備幹部考核辦法，變考察為調研，被各方讚為「方式活、效果好」；在幹部監督方面，嚴防用人邪風，嚴查帶病提拔，甚至親自「開方施策」，及時發現問題、查處責任人員。幹部選拔任用工作嚴把政治關、廉潔關，不斷改進推薦考察辦法。這些舉措為規範選人用人、淨化官場生態，發揮了重要作用。

同時也有港媒報導趙樂際是靠拍馬屁上位，從而獲得習近平的賞賜。

60 歲的趙樂際原籍西安，青海出生。有消息指他的祖父與

習近平父親習仲勛曾是西北軍政同僚，中共建政後曾任青海、陝西主官；另有報導指，趙樂際獲得習近平信賴，主要是他主政陝西期間，有遠見地將還沒有上位的習近平父親故居及墓地大肆擴建，又將習近平插隊當知青時的延安梁家河村搞成革命聖地，供人參觀，習顏大悅。

趙樂際 2007 年任陝西省委書記，同年習近平在中共十七大成為政治局常委，儲君地位確立。趙看準時機，下令將陝西富平習父習仲勛故居墓地擴建為紀念陵園；陵園的規模和規格僅次毛澤東在天安門廣場的紀念堂，成為陝西繼秦皇陵後又一個名人陵園，且是紅色陵園。

在趙的授意下，陝西當局又投巨資，將 70 年代初習近平下鄉插隊當知青時所在的延安梁家河，開闢為「革命傳統教育基地」，把習當年在梁家河當農民的窰洞、用品全部復原，供人參觀受教育。

據 2016 年 4 月 8 日的《蘋果日報》報導，習陵占地 4 萬畝（約 2660 多萬平方米），等於三分之一個香港島。習仲勛故居是 2005 年啟動重建的，但直到 2012 年習近平準備上台時，當地政府才開始大規模擴建工程，至 2015 年 9 月完工。趙樂際 2012 年就擔任組織部長了，習陵的建造是否是他主導的，還需要核實。

自由亞洲電台引述評論說，這些事情不一定是習近平贊同的，大多是地方官員為了撈取政治資本而做的面子工程。

第八章

江派唯一代表：韓正

新一屆中共政治局七常委，具有江派背景的官員只有韓正一人，預計職務為常務副總理，排名最後，且在七常委中孤掌難鳴。分析認為，這意味著江澤民派系式微。

韓正是上海幫代表人物之一，與江澤民家族利益相關。成為新常委中的唯一江派要員。（Getty Images）

第一節

韓正遭習近平親信公開問責

習近平陣營要對江澤民老巢上海清洗
之際,遊走在江、習兩大陣營中間的
韓正的舉動和命運,成外界關注焦
點。(新紀元合成圖)

　　王岐山中紀委巡視組 2014 年 7 月底進駐中共前黨魁江澤民
老巢上海之後,上海市委書記韓正的仕途命運被外界關注。2014
年 9 月,習近平親信、上海市委副書記應勇列舉上海政府工作失
誤,近乎公開問責。隨後,應勇接連缺席韓正領頭的上海市委行
動,突顯上海官場嚴重分裂。

應勇列舉上海政府工作失誤

　　據澎湃新聞網報導,2014 年 9 月 1 日,中共上海市委黨校新
學期開學第一天,上海市委副書記應勇開講第一課。應勇稱,前
上海書記俞正聲曾提問,上海為什麼沒留住阿里巴巴?阿里巴巴
最早是在上海,後來才移到了杭州,上海要研究為什麼沒能夠留
住馬雲。

目前大陸互聯網的三巨頭——百度、阿里巴巴和騰訊，上海都沒抓住。應勇還分析上海對互聯網迅猛發展和科技快速變化帶來的挑戰和衝擊的不適應。

資料顯示，韓正從 1998 年到 2003 年之間擔任副市長。自 2003 年後開始歷任市長、市委書記。馬雲在 1999 年將阿里巴巴總部從杭州搬到上海，此後又從上海撤離，回到杭州。

應勇是習近平親信

2014 年 6 月 30 日，江澤民「軍中的最愛」、前中共中央軍委副主席徐才厚落馬，與此同時，習近平親信舊部應勇升任上海市委副書記。

公開資料顯示，應勇為浙江仙居人。1999 年至 2007 年歷任浙江省公安廳副廳長、紀委副書記、浙江高院院長等職務，之後轉任上海高院院長，2013 年 4 月任中共上海市委常委、組織部長。

2002 年 10 月，習近平轉任中共浙江省副省長、代省長，11 月，任中共浙江省委書記，直到 2007 年 3 月，習近平被調任中共上海市委書記。此期間正是應勇在中共浙江省委工作期間。

此次習近平親信應勇公開列舉上海工作失誤，近乎公開問責韓正；釋放的政治信號耐人尋味。

滬官場分裂 應勇與韓正不同調

2014 年 8 月 22 日，中共前領導人鄧小平 110 年冥誕之際，中共上海市委召開座談會。引外界關注的是，上海市委 11 名常

委參加了會議，包括上海市委書記韓正，市委副書記、市長楊雄等人。

而習近平的親信、現排名第三的上海副書記應勇和紀委書記侯凱沒有參加。

此前，7 月 24 日，中共深圳市委書記王榮、市長許勤率深圳市代表團到上海考察；韓正、市長楊雄匯集上海市委常委尹弘、副市長時光輝接見。官方報導中，未見應勇與侯凱參加會見。

深圳是江派重要窩點之一，中共前黨魁江澤民姘頭黃麗滿等人曾長期經營深圳。現任深圳市委書記王榮是江澤民集團的地方大員。

韓正仕途命運成外界關注焦點

在會見王榮的第二天，7 月 25 日，韓正為《解放日報》報社和上海市新聞出版局聯合出品的微信訂閱號「解放書單」撰文。該公號同步發布第一張「解放書單」，第一本是習近平在浙江任職期間寫的《之江新語》。

韓正擔任市長期間，上海換了陳良宇、習近平、俞正聲三任市委書記。韓正過去十多年裡，在胡、習陣營和江派之間不斷玩平衡，想兩頭都討好；雖然一直當副手，但一直不倒，被人戲稱為上海「不倒翁」。

2014 年 5 月 14 日，久未露面的中共江派大佬、前政治局常委曾慶紅在韓正及中共前黨魁江澤民的兒子江綿恆陪同下，參觀了上海韓天衡美術館。曾慶紅的此次露面，被中共黨媒和官媒集體封殺、不予報導。

種種跡象顯示習近平陣營要對江澤民老巢上海清洗之際，遊走在江、習兩大陣營中間的韓正的舉動和命運，成外界關注焦點。

王岐山中紀委巡視組進駐上海

2014 年 7 月 28 日，上海光明食品集團有限公司原董事長王宗南被立案偵查。據悉，王宗南是中共前上海市委書記陳良宇的祕書，與現任上海市委書記韓正多有交集，也是中共前黨魁江澤民的密友。

7 月 29 日，江派大佬、前政法委書記周永康被立案審查。次日，王岐山中紀委巡視組進駐江澤民的老巢上海。

8 月 19 日，原上海海關副關長卞祖耀等四名上海海關官員，被鄭州檢察院帶走調查。「財新網」援引消息稱，卞祖耀還供出了一些不正當利益輸送的情況，如「向某位領導贈送了多套房屋」。「某位領導」到底是誰，引外界關注。

第二節

韓正續任上海書記
十九大離滬已成定局

2017 年 5 月韓正續任上海市委書記，
不過韓正離開上海是鐵定了的。
（Getty Images）

　　2017 年 5 月 12 日，中共上海市第 11 屆委員會「選出」新一屆 11 人市委常委，分別是韓正、應勇、尹弘、董雲虎、廖國勛、吳靖平、周波、陳寅、翁祖亮、諸葛宇杰、施小琳。

　　陳寅、諸葛宇杰、施小琳新晉市委常委，而上海市委政法委書記姜平、前組織部長徐澤洲、統戰部長沙海林則已退出。姜平 1 月已兼任上海市政協副主席，徐澤洲、沙海林已轉任上海市人大常委會副主任。

　　已 63 歲的韓正獲續任上海市委書記。根據中共官場慣例，地方省部級官員 65 歲如不能獲晉升，則會退休或轉入人大、政協等機構。一般認為，韓正此次續任只是過渡，其進一步走向會在中共十九大明朗。

韓正此前不時傳出會被調離上海，或進京任閒職。香港《動向》2016 年 5 月號披露，5 月 1 日前夕，韓正已向政治局提交十九大全退報告；法廣 2017 年 1 月則引述分析認為，韓正要離開上海是必然的，最壞的可能是進秦城監獄。

值得注意的是，習近平上台後將打虎反貪與人事清洗結合，打虎並無特定規律，許多中央和地方大員剛被調離甚至獲晉升，卻在不久後落馬。

從上海前三屆大會來看，被選出的市委書記很快就會離任到中央任職，比如 2007 年習近平當選上海書記後，同年即調任中央，俞正聲空降來補缺；2012 年續任市委書記的俞正聲，幾個月後就升任全國政協主席，韓正繼而補缺升為書記。

沿著這條路走下去，如無意外，幾個月後十九大召開時，韓正會離開上海到北京當官。

目前看來，韓正離開上海是鐵定了的。江派希望韓正留在上海幫助看管江氏家族利益的打算，會徹底落空。從來沒走出上海的韓正，可能要老死在他鄉了。

《動向》2017 年 3 月號有評論文章稱，習近平被正式立為「核心」後，「上海戰役」的號角已經正式吹響。與江澤民家族密切的上海副市長艾寶俊落馬、上海市長楊雄調任人大閒職，加上前上海檢察長陳旭被查，江澤民已經顯得毫無還手之力。而在習近平的舊部、上海市委副書記、常務副市長應勇接任市長一職後，「上海戰役」的下一個目標或將劍指韓正。習近平可選擇派員空降，或提拔應勇上位。一旦中共上海市委書記歸入囊中，習在此戰役將大獲全勝。

第三節

韓正入常
難掩江澤民派系式微

十九屆中共政治局常委中，具有江派背景的官員只有韓正一人入局。
（Getty Images）

2017 年 10 月 25 日，各方關注的十九屆政治局常委名單在第十九屆一中全會上揭曉，具有江派背景的官員只有韓正一人入局。事實上，圍繞中共十九大新常委的人選問題，中共不同派系不斷向外拋出了多個版本的「入常名單」。一度有媒體認為韓正很可能不會進常委。分析指，各派系的這種你來我往放風，突顯出中共高層內部習江暗戰激烈。

入常名單激鬥到最後一刻 江派式微

大陸一位不願具名的學者 10 月 23 日對自由亞洲電台記者說，十九大整個選舉過程，對外之所以嚴加保密，那是因為鬥爭激烈，

放消息的往往是權鬥中相對弱勢的一方。

該學者稱，傳出的各種十九大人事安排版本，猶如股票市場出現的各種消息，發布者各有意圖。

中共在 10 月 25 日所敲定的入常名單為習近平、李克強、栗戰書、汪洋、王滬寧、趙樂際、韓正。

從這一名單可以看出，十八屆七名政治局常委中，只有習近平和李克強留任，張德江、俞正聲、劉雲山、張高麗及王岐山五人卸任。

張德江、劉雲山、張高麗都被指是江澤民的人馬，而新常委中只有韓正屬江派。時事評論員夏小強表示，從中共十八大的江派常委占據三席和重要權力位置，到十九大上江派只剩一席並淪為不重要角色，五年之間變化，天翻地覆。

在過去五年的習江鬥的過程中，張德江不斷利用其掌控的中共人大立法權、港澳小組組長的權力，向習近平攬局，撕裂香港與大陸的關係。主管文宣系統的劉雲山，更是利用其掌控的「筆桿子」與習近平「對著幹」，文宣系統曾多次封殺習近平有關講話。

而在新常委中，上述兩個重要職位由習的人掌控。習信任的管家栗戰書替代張德江，掌控人大並主管港澳事務。習的中南海首席智囊王滬寧取代劉雲山，主管文宣。江派的韓正排名最後，且在七常委中孤掌難鳴。

時事評論員石久天說，習陣營在政治局常委重要位置全面上位，預示著十九大後政局的變化和發展節奏將會加快。對比十八大，現在江派常委只有一個，江派大勢已去的趨勢不可避免。

十九大前韓正醜聞不斷傳出

近幾個月來，韓正的政治仕途備受外界關注，其醜聞也不斷被媒體爆出。

中央社 2017 年 10 月 1 日報導稱，2006 年，時任中共上海市委書記陳良宇因「社保案」嚴重貪腐遭停職調查，韓正一度傳出將受牽連。

香港《明報》在 10 月 3 日還披露了有關韓正妻子萬明在上海慈善基金會任職一事。該基金會曾多次被指為「官太俱樂部」，與上海前高官黃菊和陳良宇的妻子均有密切關係。萬明曾出任該基金會的副理事長，直至 2016 年改選時卸任。

中共在海外的媒報多維網 7 月 4 日引述港媒報導稱，「韓正不正」的說法在上海市家喻戶曉。他是一個具有較大爭議的人物。目前，圍繞他的公開爭議主要包括韓正和前上海市委書記陳良宇存在拉幫結私的關係；韓正當年曾經參與曾慶紅、陳良宇排擠前上海市長徐匡迪的政治鬥爭中，一度引起上海市民反彈；韓正曾動用行政經費、稅收，給處級以上的退休官員白送一套住宅，直到習近平 2007 年擔任上海市委書記後才停發；韓正主掌下的上海，市、區、局、縣的黨政、政法班子中近 60% 的官員搞婚外情；韓正主政上海期間，上海市發生過多起特大人員傷亡事故，如臨江路住宅火災、外灘人踩人慘劇等。

報導還稱，韓正及其家屬曾經持有四套豪華住宅，十八大後才上交了兩套住宅。

《明報》10 月 3 日報導稱，2010 年 11 月的膠州路教師公寓大火，是韓正仕途的低潮之一，他被要求向國務院做「深刻

檢查」。

據悉，這起事故造成 58 人死亡、71 人受傷。調查認定這起火災是在大樓外牆施工期間發生，是一起因企業違規造成的責任事故。

還有報導稱，當年習近平接替陳良宇，擔任上海市委書記職務時，韓正並沒有前往迎接習。習與韓正的關係並不佳。

韓正的江派背景

上海被指是中共前黨魁江澤民的政治老巢，近幾十年來上海先後被江派大員吳邦國、黃菊、陳良宇、韓正等人把持。韓正曾在多個議題上與習近平對著幹，如從小學課本中刪除古詩詞等。

BBC 引述美國加州大學聖迪戈分校全球政策與戰略學院副教授史宗瀚的話說，韓正整個仕途都在上海，由江澤民及派系的人栽培。

習執政的五年來，有關韓正的職務調動的傳言不斷。此前有消息說，他可能調任中共人大、政協部門任閒職。但路透社 2013 年 11 月 22 日的報導披露，消息人士稱，江澤民希望韓正留在上海，看管其家族利益。

《大紀元》此前獲得消息稱，韓正此次將調離上海，進入中央。但進入中央未必是進了保險櫃。

第四節

七常委齊赴上海 釋放信號多

中共十九大後，習近平的同盟、原江蘇省委書記李強（圖）入主上海。江派窩點上海首度落入習手中，未來局勢成為最為外界關注的焦點。（Getty Images）

　　2017 年 10 月 31 日，十九大結束僅一周，習近平率新一屆政治局常委從北京乘專機抵達上海，上午參觀在上海的中共第一次全國代表大會遺址，下午來到浙江嘉興南湖邊參觀南湖革命紀念館。

　　分析指，習要強調自己的權威，並為其親信李強接掌上海撐腰，加強對上海江派勢力的清洗力度。

七名常委突然集體離京 情況罕見

　　據《香港經濟日報》報導，七常委此行在保安上是破格的。根據中共前黨魁毛澤東時期以來的慣例，政治局常委不會同時離京，一起出席北京以外的地方舉行的同一活動。這是基於保安考慮，以防一旦出現事故，常委一同出事，國家會出現權力真空。

不過官方沒有明確說明是否搭乘同一專機。

五年前，中共十八屆政治局常委上任約半個月後，集體前往北京的國家博物館參觀《復興之路》展覽，隨後習近平提出了「中國夢」的說法，這次去上海參觀，也帶有極強的象徵意義。

上海高架路旁住家門窗嚴禁打開

10月31日當天，上海公安局發出緊急通知，自早上六時到下午六時，凡是能平視或俯視看到延安西路高架的所有窗戶和門必須關閉，嚴禁打開，若擅自打開，後果自負。

另外，上海警方也同時發出緊急通知，要求做好市內「高鐵沿線重大保衛工作」。上海高鐵沿線戒嚴，300米內全面清場，兩側所有企業從中午12時起全部放假半天，辦公樓內不得有人辦公，所有場地地面不准停放車輛，所有客戶地面車輛也必須駛離。

路透社報導，上海警方封鎖了「紀念館」附近新天地地區的道路和高速公路。民間評論說，具有「四個自信」的七常委極度不自信，不僅機場出來的南北高速路被封閉，甚至有的靠街民眾的窗戶也被貼封條。有網民表示，上海的延安高架路封路，兩邊的居民窗戶不允許開，南北高架封路，淮海路封路，陸家嘴高樓上甚至有狙擊手。

上海當局為了迎接七常委，不惜違法延長關押訪民，31日下午發出新的通知，黑監獄11月1日才放人。

習強調自己的權威 為李強撐腰

換屆後，中共黨魁帶著常委去所謂的「革命聖地」祭拜，似乎成了慣例。如胡錦濤當選的時候，帶著曾慶紅等去了西柏坡，習近平十八大當選之後也帶人去中共的「紀念地」。但這一次，北京時局觀察員華頗認為跟以往有很大的不同。

華頗認為，首先，這次是七個人集體去北京之外的地方，很反常。去外地，一般是習近平帶個別常委前往，這次帶著全部的常委去，說明習近平強調自己的權威。

第二，他這次不去西柏坡、不去延安、也不去井岡山，而是直接去了中共一大會址。以前江澤民、胡錦濤祭拜的是毛澤東在中共黨內取得主導權之後的地方，而上海的中共一大，毛澤東僅是其中一個代表。這次七常委祭拜，習近平有弱化毛澤東的意思，不再主要祭拜毛澤東，而是祭拜當初建黨的群體。這意味著習近平可能要走一條跟毛澤東、鄧小平不一樣方針、政策的路線，他要奠定他在中黨內自毛、鄧之後的歷史地位。

上海是中共前黨魁江澤民盤踞的地方，這裡跟江澤民的各種關係盤根錯節，過去 30 年來上海市委書記多由上海本地官員出任。中共十九大後，習近平的同盟、原江蘇省委書記李強入主上海。香港中國事務評論員林和立認為，「這間接表明，江澤民的上海幫如今已經無力跟習近平抗衡」。

華頗認為，習近平這次率常委們齊赴上海，給李強撐腰也是一個原因。上海是經濟的重心，牽一髮而動全身，上海對習近平來講投鼠忌器。他要穩穩當當地把上海控制住，這次已明升暗降地把韓正調走換上李強。李強在上海施政的方針要比上屆迅猛，

今後清洗的力度要加強，他可能會遭到上海幫的反彈，所以習近平要給李強撐腰，也是對上海幫吹響了集結號。

鄭恩寵：去江化與長三角一體化

中共十九大召開前兩天，上海律師鄭恩寵被101次刑事傳喚，仍然是用「偷稅、漏稅」的名義。鄭恩寵夫妻兩人被拉到蘇州太湖邊上的賓館裡住，直至10月20上午八時提前回到上海。近日鄭恩寵在採訪中談了他對中共十九大、韓正調離、李強入滬的看法。

鄭恩寵認為，中共十九大明顯淡化了「三個代表」、淡化了江澤民。公布修改後的中共黨章，十三次提到毛澤東的名字，十二次提到鄧小平的名字，十一次提到習近平的名字，而江澤民僅有一次。而且對「三個代表」做出重新解釋，稱不是由江澤民創立的，是整個中共的成果。

對於市委書記韓正入常，鄭恩寵的觀點是八個字：「明升暗降，調虎離山」。韓正下一步是當國務院第一副總理。但在他的印象中，上海出去做國務院第一副總理的，沒有一個有好下場，張春橋、黃菊就是其中的例子。

對於習近平的親信李強接掌上海，鄭恩寵認為習此舉有兩個用意，一個是對江派勢力進行打擊，上海江派勢力會進一步被揪出來打，大大小小的官，這對江派勢力肯定是不利的。這是去江化。

第二點，鄭恩寵認為是習近平想搞「長三角一體化」。李強此前有在浙江和江蘇工作的經驗，現在又到上海，經歷最為合適。

　　鄭恩寵說：「中共十八大以後，搞京津冀統一，這邊的老百姓也希望『長三角』能統一。上海三個人中有一個老人，都希望到江浙一帶買便宜房子，上海房子 200 萬，到那邊 100 萬，手上還可剩下 100 萬養老。江浙一帶優秀人才到上海來打工，要報上海戶口，要競爭，大家都希望醫保能夠統一，交通等多方面能夠統一。」

　　鄭恩寵說，中國的市場經濟很混亂。上海、江蘇、浙江，經濟實力差不多，人文條件也差不多，上海撿了便宜，三個地方互不買帳。李強到上海，長三角他說了算。長三角連起來，是習近平的重頭戲。經濟不搞上去，政治上不搞上去，反腐敗不搞上去，不得人心。

第九章

政治局的異常新人

中共十九大上，在中央委員、政治局委員乃至常委都出現異常人事變動：打虎幹將王岐山全退，熱門接班人選胡春華、陳敏爾未入常；政治局名單打破多個慣例，中紀委副書記楊曉渡黑馬入常；中委名單也現四大異常。人事布局懸念，折射習江激烈博弈。

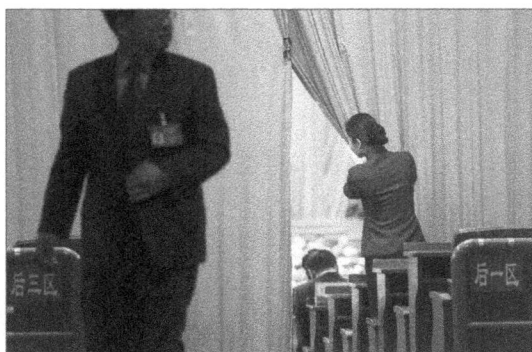

中共十九大上，在中央委員、政治局委員乃至常委層面，一系列異常人事變動，折射習陣營與江澤民集團的激烈博弈。（AFP）

第一節

十九大中央十項人事異常

栗戰書（左）入常接任人大委員長，
料將瓦解人大系統這一江派反習基
地。汪洋（右）被安置在政協主席
職位，預示其將清洗江派殘餘特務
勢力。（AFP）

常委爭奪戰三大懸念
栗戰書汪洋肩負特殊使命

1. 王岐山全退 傳提前任國家副主席

　　十九大前夕，江派海外特務勢力發動圍攻習陣營王岐山的浪
潮。中共十九大上，王岐山未能如外界預期留任常委，並退出中
央委員會。

　　日本媒體分析，在過去五年中，王岐山激烈的「打虎」反腐
運動，使得黨內反對派對他激烈反撲，導致習近平為了更大的政
治平衡，也不得不把王岐山排除在常委名單之外。

海外中文媒體消息稱，王岐山退位後，明年將出任國家副主席。

2017 年 10 月 29 日，臺灣《聯合報》引述香港消息人士表示，王岐山明年 3 月正式上任副主席前，人大疑似已擬定提案，做出過渡性安排，對王上任做出提前安排。

2. 胡春華陳敏爾未入常 無接班人

十九大上，入常熱門人選、具有接班人色彩的胡春華與陳敏爾雙雙「失常」，頗出外界意料。此舉意味著，習近平徹底打破了中共接班人制度，預示著習可能連任三屆。這也為未來中國政治變局增加懸念。

港媒報導指，對於胡春華未能入常，消息人士稱胡在內部會議中曾表態稱，自己身體不好，不會繼續高升。

目前續任政治局委員的胡春華去向不明，先後傳出將任國務院副總理、統戰部長、國家副主席三種說法。

海外中文媒體最新消息稱，胡春華將任排名第二副總理。

3. 栗戰書汪洋受命清洗江派兩勢力

中共十九屆七常委排名依次為：習近平、李克強、栗戰書、汪洋、王滬寧、趙樂際、韓正。上海幫人物韓正排在最後一位，突顯江派大勢已去。

新晉五常委中，汪洋是十七屆入局，王滬寧是十七屆入書記處，而栗戰書、趙樂際、韓正三人都是在十八大入局。按資格，

汪洋與王滬寧排名理應在栗戰書之前。

栗戰書、汪洋、王滬寧三人都被認為是習的親信人馬，頻頻一同隨習外訪。栗戰書排名破格提前，更加突顯習對其的看重。

按慣例，常委排名第三的栗戰書將接替江派常委張德江出任全國人大委員長一職。排名第四的汪洋將接任政協主席一職。

江派常委吳邦國、張德江先後任人大委員長長達 15 年。尤其張德江從十八大接手人大委員長職務後，中共人大漸漸成為了「反習基地」，不斷對抗習近平。

栗戰書入常排名破格提前，接任人大委員長，料將重演清洗中辦一幕，大力清洗人大系統的江派勢力，徹底瓦解這一江派重要反習基地。

中共政協、統戰系統，與中共特務、情報機構，及外交、文宣系統緊密勾連，全方位主導中共的海外特務及滲透活動。比如，統戰部是中共將迫害法輪功的政策在海外推行的主要機構之一。

江派常委賈慶林自 2002 年至 2012 年任中共政協主席長達十年。而統戰部更是長期被江澤民集團操控。

十九大前夕，江派海外特務勢力發動圍攻習陣營王岐山、朱鎔基乃至習近平的浪潮，特務勢力成為江派殘存的最重要的最後反撲勢力。

汪洋被安置在政協主席這一敏感職位，預示其在習陣營針對江派殘餘特務勢力的最後清洗行動中角色吃重。

政治局名單打破多個慣例
楊曉渡角色吃重非同尋常

4. 張春賢劉奇葆李源潮提前出局

中共十九屆一中全會 10 月 25 日「選出」了新一屆政治局委員，中共十八屆三名政治局委員張春賢、劉奇葆、李源潮都未到 68 歲下臺的年齡，但提前出局。

張春賢是落馬的江派前常委周永康的心腹，曾先後在江派攪局窩點湖南與新疆主政。

中宣部長劉奇葆，曾是江派大員羅干的副手，羅干任國務院祕書長時，劉奇葆任副祕書長。

劉奇葆 2007 年開始在周永康的老巢四川主政，中共十八大出任政治局委員、中宣部長；與江派主管文宣系統的常委劉雲山沆瀣一氣，不斷利用「筆桿子」與習近平對著幹，對習近平「高級黑」、「捧殺」等。

李源潮具有「太子黨」、「共青團」、「江蘇幫」等多重身分，政治背景複雜。他父親李幹成與江澤民的叔叔江上青關係密切；李源潮曾主政江澤民老家江蘇省多年。

令計劃 2014 年落馬後，就傳出李源潮與令計劃相互勾結的消息。

近年來，張春賢、劉奇葆、李源潮三人出事、被調查的傳聞不斷，三人提前出局後，是否能平安著陸，還是未知數。

5. 應勇、馬興瑞意外「出局」

新一屆政治局委員名單公布後，此前外界看好的上海市長應勇以及現任廣東省長馬興瑞都未能進入政治局。

10 月 28 日、29 日，新晉政治局委員、遼寧省委書記李希、江蘇省委書記李強先後接任廣東省委書記與上海市委書記。

上海市長應勇則一開始傳出將任公安部長，但最新消息稱，應勇很可能任最高法院院長。

據稱是曾慶紅表外甥的公安部長郭聲琨入局，按慣例料將接任政法委書記一職。另有消息稱，趙克志卸任河北省委書記後，將出任公安部長、政法委副書記。

習近平在十九大上宣布將成立「中央全面依法治國領導小組」。江派郭聲琨任政法委書記後，明升暗降，面臨上下夾擊。

6. 楊曉渡黑馬入局 角色吃重不尋常

十九大上，楊曉渡同時身兼政治局委員、書記處書記與中紀委副書記三職，為近 40 年來第一人；也是近 40 年來中紀委副書記首次入局。

現年 64 歲的楊曉渡曾長期在西藏工作，後轉任上海任副市長；2006 至 2012 年任上海市委常委、市委統戰部長，與 2007 年主政上海的習近平有近七個月的交集。

中共十八大後，楊曉渡轉進紀委系統擔任上海紀委書記，期間，曾查處上海高院法官集體嫖娼事件。其後 2014 年進京出任中紀委副書記，並先後任監察部長、國家預防腐敗局局長。

楊曉渡以中紀委副書記職務躋身政治局，除顯示中紀委進一步吃重，也顯示其本人受到高層重用。

另外，國務委員楊潔篪此次以 67 歲年紀進入政治局，或意味著他將是繼錢其琛後，第一個作為政治局委員任主管外交的副

總理。

中委名單四大異常 習江激戰十九大

7. 國務院多個部委主官落選中委

10月24日出爐的中共中央委員會共有204名委員,其中126人為新晉委員,較上一屆多,是名副其實的大洗牌。

名單出臺後,被發現其中有多個異常和意外,突顯十九大背後習江激戰之劇烈。

按照慣例,以前國務院除了包括正副總理、國務委員在內的約10名領導外,25個組成部門的一把手通常都是中央委員。

但十九屆中委名單中,多個國務院直屬機構、直屬事業單位的一把手未能入選中委,顯示今屆中委並非全盤統籌、權鬥塵埃落定的結果;也意味著從現在起至明年「兩會」,國務院將大換血。

未能入選中委的包括:央行行長周小川、人力資源社會保障部長尹蔚民、國土資源部長姜大明、水利部長陳雷、國臺辦主任張志軍、國務院僑辦主任裘援平、統計局長馬建堂、交通部黨組書記楊傳堂、信訪局長舒曉琴、國家工商總局長張茅、中國地震局長鄭國光、國務院法制辦主任宋大涵、新聞辦主任蔣建國。

尤為外界關注的是,中央書記處書記、國務委員、國務院祕書長楊晶現年近64歲,本是入局熱門人選,卻落選中委,原因不明。

8. 公安部四進中委 高層面臨調整

本次換屆，公安部有部長郭聲琨及副部長傅政華、副部長黃明及副部長王小洪 4 人進入中委，為國務院各部委中委之最。

這也意味著，公安部領導層將有人會調職。

目前郭聲琨進入政治局，料將接任政法委書記。王小洪此前傳出接任國安委辦公室常務副主任的消息。而傅政華、黃明在十九大前傳出被查的消息。

9. 國企高管無緣中央中委

五年前，中十八大上，國有企業的五名高管晉升為中央委員。但新一屆中委 204 名委員裡面卻沒有一名國企高管。

相反，中委名單顯示，多名財經界及金融監管部門重量級人物在列。包括中財辦主任劉鶴、證監會主席劉士余、銀監會主席郭樹清、湖北省委書記蔣超良等人。

10. 軍方中委名單異常

十九屆中央委員裡，軍方大約占兩成，絕大多數是新面孔，包括六大軍種司令員等在內的多名軍方將領當選，顯示高級將領已經大換血。

中共十八屆中央軍委副主席范長龍及上屆的軍委委員常萬全、趙克石、吳勝利、馬曉天均不在名單內，相信已到退休年齡。

曾擔任 2015 年北京閱兵總指揮、中央軍委後勤保障部長宋

普選亦未入中委，原因不明。後勤保障部副部長李清杰不是中央委員，但入選新一屆中紀委。

習近平的軍委大管家、新任中央軍委辦公廳主任鍾紹軍，沒有出現在中央候補委員的名單上，令外界訝異。

《大紀元》獲悉，這次十九大，高層權鬥異常激烈。

官方消息顯示，十九大主席團開了四次會議，包括開幕前一日預備會，及 20 日、23 日和 24 日三次，官媒透露後三次會都由習近平親自主持，內容都與「討論醞釀」新的中央委員、候補中央委員和中央紀委委員候選人名單有關；主席團會議較上一屆多一次，官方沒有透露原因。

港媒分析指，或因中委名單分歧太大，派系權鬥不止，令當局在大會 24 日結束要表決前，還要加開主席團會議「磋商」。

第二節

十九大之後習江鬥動向
六大清洗風暴將至

曾慶紅的表外甥郭聲琨明升暗降，任政法委書記後，面臨上下夾擊。（新紀元合成圖）

　　習近平的系列敏感動作和人事安排，已為十九大之後的大清洗埋下伏筆。江派大勢已去，面臨的是一波波清洗風暴，橫掃其長期把持的政法、文宣、國企、軍中、上海幫及北韓外交等各領域。

1. 習胡親信接掌政法高位 郭聲琨面臨上下夾擊

　　2017 年 10 月 18 日，習近平在十九大開幕式上宣布將成立「中央全面依法治國領導小組」。這意味著十九大後習近平將親自掌控政法系統。

　　10 月 25 日，中共新一屆政治局委員名單公布，曾慶紅的表

外甥、公安部長郭聲琨入局，料將接任政法委書記。外界分析，郭聲琨明升暗降，任政法委書記後，遠沒有公安部長實際權力大。

隨後有消息稱，趙克志將出任公安部長、政法委副書記。上海市長應勇很可能接替周強，任最高法院院長。中央政法委祕書長汪永清將接替曹建明，任最高檢察院檢察長。

趙克志是胡錦濤、習近平的親信，應勇是習近平的舊部，汪永清在十八大之前長期在國務院系統任職。

習陣營人馬執掌公安部、最高法院、最高檢察院，再加上習親自掌控「依法治國領導小組」，郭聲琨任政法委書記後，面臨上下夾擊狀態。

另外，十九大敏感期，前司法部長吳愛英落馬、最高法院院長周強參加上海團討論時被降格報導、前政法委書記羅干缺席十九大開幕式，江派政法高官接連出事、出狀況；新一輪清洗大風暴已若隱若現。

2. 劉雲山劉奇葆雙雙出局 習陣營接管文宣系統

10 月 25 日，新一屆中共政治局常委亮相，獲習重用的王滬寧黑馬入常，七名常委中排第五，任中央書記處書記。按慣例，王滬寧將接替劉雲山的職務，負責中共黨務與意識形態領域的工作。

當天，新一屆中共政治局委員名單出臺。江派文宣系統大員、上屆政治局委員、現年 64 歲的中宣部長劉奇葆未到齡提前出局，習近平浙江舊部、中宣部常務副部長黃坤明躋身政治局，料將接任中宣部長。

中共文宣系統曾長期被江派常委李長春、劉雲山操控，並深度參與江派各類政變及攪局行動，頻頻抹黑習近平。

十八大以來，習近平、王岐山逐步推進對文宣系統的清洗。十九大前夕，王岐山對中宣部等文宣系統重點單位展開專項巡視。

十九大上，江派文宣大員劉雲山、劉奇葆雙雙出局，習陣營人馬接管文宣系統兩大最高職位，進一步清洗料將隨後展開。劉雲山、劉奇葆醜聞不斷，被查消息先前不斷被釋放，能否平安著陸還是未知數。

3. 國企高管無緣中央中委 金融反腐風雨欲來

中共十九屆中央委員會委員名單 10 月 24 日出臺，204 名新一屆中委裡面卻沒有一位是國企高管。五年前，中共國有企業的五名高管晉升為中央委員。

相反，中委名單顯示，多名財經界及金融監管部門重量級人物在列。包括中財辦主任劉鶴、證監會主席劉士余、銀監會主席郭樹清、湖北省委書記蔣超良等人，據報，蔣超良曾任王岐山的副手處置金融機構風險。此外，央行副行長易綱、工行董事長易會滿、建行董事長田國立、中行董事長陳四清等人，當選為第十九屆候補中央委員。

2017 年初以來，金融反腐風暴接二連三。最近的一個月內，中紀委駐央行、銀監會和保監會的紀檢組組長全部換人。

十九大高層人事排斥國企高管，加強金融監管角色權重，為十九大後國企金融反腐升級埋下伏筆。

4. 軍紀委書記進軍委 強化軍中「打虎」

10月26日，習近平在軍隊領導幹部會議上發表講話，強調全面「從嚴治軍」，軍隊高層必須忠誠、善謀打仗、厲行法治等。

10月25日，中共十九屆一中全會，確定了七名新一屆中央軍委班子成員，其中包括軍委紀委書記，這是近幾屆以來首次有軍委紀委書記出任軍委委員。

這與習當局釋放軍中「打虎」升級信號相呼應，十九大敏感期，已有多名高級將領傳出不利信號。

9月初，多家媒體傳出，落選十九大代表的前軍委委員房峰輝和張陽已被調查。十九大前夕，原本當選軍方十九大代表的三名中將王建偉、張書國、張瑞清，被緊急從代表名單中剔除。

這些出事將領與中共前黨魁江澤民軍中心腹、前軍委副主席郭伯雄和徐才厚的關聯性，受外界關注。十九大後，習當局料將陸續公布高級將領被查的消息。

5. 習大祕李強入主上海 江澤民老巢不保

10月29日，習當局宣布江蘇省委書記李強擔任上海市委書記，韓正不再兼任上海市委書記。據悉，李強接替韓正出任上海市委書記，是習近平親自做的決定。

現年58歲的李強，是習近平主政浙江時的大祕，十八大後任浙江省長，2016年6月接替羅志軍任江蘇省委書記，隨後大力清洗江澤民老家江蘇官場。李強在十九大上黑馬進入政治局。

如果應勇出任最高法院院長的消息屬實，上海黨政高層雙雙

換人，官場還將有連環變動。

隨著江澤民家族的看門人韓正被調虎離山，十九大後，習陣營清洗上海幫及江澤民家族的行動，料將進入新的階段。

6. 川習默契互動 金正恩危機將至

中共十九大期間，美國海軍雷根號航母戰鬥群與韓國海軍，在朝鮮半島附近的海域進行聯合軍演，被指極大地震懾了北韓金正恩政權發射導彈、攪局十九大的企圖。

出乎外界預料，與江澤民集團關係密切的金正恩政權，此前頻頻在中國政局敏感時刻進行核恐嚇攪局，罕見未在十九大期間發射導彈和核試。

相反，金正恩先後就十九大召開和習近平連任發表賀信；但賀信中未按慣例提及中朝友誼，而中方也反應冷淡。

英國《每日星報》10 月 21 日報導，有大陸體制內學者透露，習近平對金正恩極為不滿，如果北韓再發射導彈，將會遭到北京的軍事打擊。

中共十九大閉幕後，10 月 25 日，習近平應約與美國總統川普通電話。隨後，川普在推特發帖稱，兩人討論了北韓和貿易兩個「非常重要」的議題。

2017 年以來，川普與習近平多次會晤、通電話。二人在解決朝核問題上有默契合作行動。

川普 11 月 5 日抵達日本展開亞洲之行，8 日起國是訪問中國。美國海軍三支航母戰鬥群，近日開始同時布署亞太地區，為十年來僅見。

　　川普上臺以來，針對朝核危機，不斷放出狠話，並大軍壓境，勢在必得。隨著十九大江派高層人物出局，習陣營人馬料將接管涉朝外交事務。川普訪問中國後，與習近平就解決朝核問題或有進一步合作行動。

　　操控北韓金正恩政權進行核恐嚇，是江澤民集團攪局與反撲企圖的重要一環。川習聯手解決北韓核武危機之後，江派將喪失最致命的反撲手段。

第三節

上海新書記李強
批「親友特權」意有所指

江綿恆在上海「圖方便、求特權」打著的旗號就是江澤民。如今習舊部李強入主上海，正是針對江家父子腐敗在「斬草」。（新紀元合成圖）

2017 年 10 月 29 日，習近平的「大祕」、原江蘇省委書記李強接替韓正入主上海。李強在履新講話中聲明絕不允許親友在上海「圖方便、求特權」，被外界認為或另有所指。

強調上海要「帶頭抵制腐敗現象」

十九大後，江蘇省委書記李強升任上海市委書記。據上海媒體報導，李強在 10 月 29 日的履新講話中稱表示，上海在中國近代歷史上有重要地位，要為各項事業「營造良好政治生態」，要「帶頭抵制和反對一切消極腐敗現象」。

李強還表示，「絕不允許任何親友和身邊工作人員在上海圖

方便、求特權」。此言被外界認為暗有所指。

李強還在講話中提到「一命而僂，再命而傴，三命而俯」的歷史典故，意思是指官職步步上升，態度也愈加謙虛。早前，2013 年 6 月，習近平在全國組織工作會議上的講話中也曾提到這個典故。

根據公開資料顯示，習近平 2002 年 10 月調任浙江省委書記時，李強是溫州市委書記。2004 年 11 月，李強被提拔為中共浙江省委祕書長，成為習近平的「大祕」，2005 年升任省委常委。2011 年後李強一路高升，曾先後出任浙江省政法委書記、副書記、副省長、代省長、省長。2016 年 6 月 30 日，李強出任中共江蘇省委書記。

中共十九大上，李強升為中央政治局委員。有文章指出，李強在浙江的工作經歷以及在江蘇的政治表現才是接替韓正入主上海的主要原因。

江蘇是周永康的老家，也是江派利益集團的大窩點。十八大後，李強接替前江蘇省委書記羅志軍，整飭江蘇官場，堅持嚴懲腐敗。

此外，李強熟悉浙江和江蘇的官場和經濟情況，在長三角經濟融合方面扮演重要角色也被認為順理成章。海外有傳聞稱，習近平親點李強接任上海市委書記一職。

針對「圖方便、求特權」的江綿恆

《大紀元》時政評論員陳思敏認為，眾所周知，前上海書記韓正和市長楊雄常年照顧前中共黨魁江澤民家族利益。李強今次

履新上海的「鄭重聲明」目的很可能是針對打著江澤民旗號在上海「圖方便、求特權」的「中國第一貪」江綿恆。

在 2016 年年初，消息人士層向海外中文媒體透露，習近平有意安排時任浙江省長李強取代上海市長楊雄。但最終李強去了江蘇省。直到 2017 年初，才由應勇換下楊雄。

由此可知，今天李強雖然入主上海，但就習近平的原本規劃還是經過了一年的延宕。而 2016 年習沒能順利布局上海市長，側聞就是江綿恆出手干預。而江綿恆力保楊雄，眾所周知的一個原因是早年楊雄主持的上聯（上海聯和投資股份有限公司）。

江綿恆在江澤民因「六四」獲利坐上大位不久就從美國回國，一邊「學術研究」，一邊投入商海，同時不顧吃相的吞吃上海國資委所屬的上聯，僅一年間便坐大上海商界，打造出一個資本帝國。而在上聯前臺替江綿恆打理一切的就是楊雄，換言之，江綿恆在上聯的腐敗，楊雄堪稱知悉一號。

如果用新聞流行語來說，江綿恆的上聯相當於曾慶紅父子的魯能，江綿恆通過上聯這個國資平臺取得個人事業版圖的投資行為，很像證監會劉士余棒喝的「有毒槓桿」，以及銀監會主席郭樹清警告的「大股東提款機」。

這些年來江綿恆與上聯的沸沸揚揚只見外媒報導，直到 2015 年 1 月 19 日北青官微政知局發表長文〈江綿恆的人生角色〉，首次打破禁忌。

這篇文章不僅起底了江綿恆與上聯疑似國資流失的關係，最大的起底是：「此後的 60 餘年裡，江綿恆的名字被冠以知青、留學生、博士、科學家、董事、院長、校長等各種頭銜，但其中最著名也最難以忽視的，一直是『江的兒子』。」

　　套用李強今次履新上海的「鄭重聲明」，江綿恆在上海「圖方便、求特權」打著的旗號就是江澤民。

　　上海這個江澤民父子的獨立王國，在習第二任期開始之前，江系楊雄、韓正相繼離開，習舊部李強入主，反映出來的是這裡的人事布局已是習說了算，實際也是針對江家父子腐敗在「斬草」，至於會否除根，理論上，應該是要連根拔的。

第四節

政治局 25 人職務預測
給王岐山留位？

　　中共十九屆政治局委員 25 人，除了 7 名常委之外，其餘 18 名政治局委員已有 13 人明確職務分工。

　　分別為：許其亮與張又俠任軍委副主席，丁薛祥任中辦主任，陳希任中組部長兼中央黨校校長，黃坤明任中宣部長，郭聲琨任政法委書記，楊曉渡任中紀委副書記，蔡奇任北京市委書記，李強任上海市委書記，李鴻忠任天津市委書記，陳敏爾任重慶市委書記，李希任廣東省委書記，陳全國任新疆區委書記。

　　另外，王晨料將按慣例在明年兩會上接任全國人大副委員長。剩下胡春華、劉鶴、孫春蘭、楊潔篪四人職務尚未明確。

　　而按照上一屆政治局委員任職慣例，汪洋、馬凱、劉延東三人任職的三個國務院副總理職位將在明年兩會上正式移交；另外，李源潮此前任職的國家副主席職位、王滬寧任職的中央政研室主任職位，尚未明確接任人選；加上十八屆政治局委員孫春蘭兼任的統戰部長一職，新一屆政治局還有六個可能職位尚未最終明確

人選。

這就形成了剩下胡春華、劉鶴、孫春蘭、楊潔篪四名政治局委員等待上位，而有六個職位空缺的異常局面。

此前，福建書記尤權出任中央書記處書記，外界以為他將接替楊晶任國務院祕書長；隨後有消息稱尤權將出任統戰部長。

2017 年 10 月，財政部長肖捷已接替楊晶出任中央國家機關工委書記、國務院機關黨組書記，並兼任國務院副祕書長，料將在明年兩會上正式出任國務院祕書長。這令尤權將出任統戰部長的消息變得更加可信。

而劉鶴可能接替中央政策研究室主任的消息一度熱傳，但最新港媒消息稱，劉鶴將與胡春華、孫春蘭、楊潔篪三人一起出任國務院副總理。

中共十八大上，王滬寧業以政研室主任身分破例進入政治局。按理，政研室主任屬於中共黨內職務，本可以同中辦主任、中組部長、中宣部長等職務一同明確人選，但至今遲遲未明確。這可能意味著政研室主任職位回歸傳統，不再入局；或者王滬寧入常後繼續兼任政研室主任。如果這樣，則劉鶴出任國務院副總理的可能性很高。

新國務院會設幾名副總理成焦點

根據十九屆政治局常委的排名和慣例，李克強將連任國務院總理，韓正將任常務副總理。現在的焦點是，新一屆國務院領導班子到底會設幾名副總理？

在中共歷史上，從 1998 年至今，四屆國務院均穩定設置四

名副總理，其中包括一名常務副總理。其中，1998 年至 2003 年，錢其琛任副總理主管外交時，副總理人選也限制在四人。而 1998 年之前，中共副總理人選在五年的任期內常有調整，人數也因此有五人、六人，甚至更多的情況。

如果延續過去二十年副總理只設四人的慣例，除了常務副總理韓正外，劉鶴、胡春華、孫春蘭、楊潔篪四人中將有三人出任副總理，剩下一人則可能出任國家副主席。在這種情況下，此前傳出的胡春華出任國家副主席的消息很可能成真。

但海外中文媒體消息指，下屆會增設一個主管外交的副總理，胡春華、劉鶴、孫春蘭、楊潔篪會各在一個領域擔任國務院副總理職位。

有港媒在 11 月 1 日報導稱，政治局委員胡春華、劉鶴、孫春蘭和楊潔篪都是副總理的熱門人選。按中共人事升遷的邏輯，胡春華或接替其「前任」汪洋，出任主管農業和對外經貿的副總理；劉鶴預料會接替馬凱，主管發改委和工業生產；孫春蘭則接替劉延東主管教育、科學、文化和衛生；楊潔篪則幹回老本行，主管外交。

考慮到習當局對外交事務的看重，國務院系統二十年運作的連貫性，以及最近媒體放風的一致性，下屆國務院副總理增設一人的可能性很大，這也意味著胡春華、劉鶴、孫春蘭、楊潔篪四人都將出任副總理。

根據以上分析，新一屆政治局中將無人選出任國家副主席一職。這也佐證王岐山將出任國家副主席的消息。

港媒最新消息稱，69 歲的王岐山在十九大卸任政治局常委和中紀委書記，但並非裸退，將應習近平邀請擔任國家副主席，協

助習處理外交、國家安全等事務。

中共中央統戰部長與政研室主任兩個職位的人選料將很快會明確，這將有助於進一步判斷政治局委員的分工變化。但副總理與國家副主席人選要到明年兩會才能最終明確。這期間，是否有繼續博弈的因素及變數，亦未可知。

以下為根據既有的信息和上述分析所列出的中共十九屆政治局委員任職與分工情況一覽表。

	姓名	職稱
政治局常委	習近平	總書記、國家主席、軍委主席
	李克強	國務院總理
	栗戰書	全國人大委員長
	汪洋	全國政協主席
	王滬寧	書記處書記
	趙樂際	中紀委書記
	韓正	常務副總理
政治局委員	許其亮	軍委副主席
	張又俠	軍委副主席
	丁薛祥	中辦主任
	陳希	中組部長／中央黨校校長
	黃坤明	中宣部長
	郭聲琨	政法委書記
	楊曉渡	中紀委副書記／國家監察委主任或副主任
	蔡奇	北京市委書記
	李強	上海市委書記
	李鴻忠	天津市委書記
	陳敏爾	重慶市委書記
	李希	廣東省委書記
	陳全國	新疆區委書記
	王晨	人大副委員長
	胡春華	副總理，國家副主席？
	劉鶴	副總理，政研室主任？
	孫春蘭	副總理
	楊潔篪	副總理

第十章

中共面臨巨大危機

中共大規模制度性腐敗始於江澤民，中共官場幾乎無官不貪。共產極權制度存在一天，就會自動產生出新的腐敗，就像癌細胞的自動複製和擴散一樣無法救治。習當局動真格地反腐，等於是在向中共體制挑戰，就會成為這個體制的消滅對象。

十八屆中央委員會中，共有 35 名委員落馬。中共體制已經腐敗到骨髓，不可救藥。（AFP）

第一節

官場空前糜爛
反腐救不了中共

江澤民的親信、中共前司法部長吳愛英（左）因「嚴重違紀問題」被開除中共黨籍。（大紀元資料室）

中共第十八屆七中全會上確認了對 11 名中委、4 名後補中委的處分決定。至此，十八屆中委共 35 人落馬，幾乎占中央委員會一成，顯示中共官場的空前糜爛。中共早已從根子腐爛不堪，可以說無官不貪，這是體制決定的，習當局的反腐挽救不了中共。

十八屆中央委員會中 35 人落馬

10 月 14 日，為期四天的七中全會結束。官方發布的七中全會公報稱，全會審議並通過了中紀委會關於孫政才、黃興國、李立國、孫懷山、吳愛英、蘇樹林、楊煥寧、王三運、項俊波、李雲峰、楊崇勇、張喜武、莫建成嚴重違紀問題的審查報告，審議

並通過了中共中央軍事委員會關於王建平、田修思嚴重違紀問題的審查報告，確認中央政治局之前做出的給予孫政才、黃興國、孫懷山、吳愛英、蘇樹林、王三運、項俊波、王建平、田修思、李雲峰、楊崇勇、莫建成開除黨籍處分，給予李立國、楊煥寧留黨察看二年處分，給予張喜武撤銷黨內職務處分。

七中全會確認了對孫政才等 11 名中委、李雲峰等 4 名候補中委的處分，是十八大以來處分最多的一次中全會。十八屆中央委員會中有 205 名中央委員和 171 名中央候補委員。

10 月 16 日，大陸《經濟日報》盤點，十八大以來，共有 18 名十八屆中央委員落馬，17 名中央候補委員落馬，即十八屆中央委員會中，共有 35 名委員落馬。

截至目前，十八屆中央委員會 18 名落馬的中委，分別是蔣潔敏、李東生、楊金山、令計劃、周本順、楊棟樑、蘇樹林、王珉、田修思、黃興國、王建平、李立國、孫懷山、項俊波、王三運、孫政才（中央政治局委員）、楊煥寧、吳愛英。

17 名落馬的中候委，分別為李春城、王永春、萬慶良、陳川平、潘逸陽、朱明國、王敏、楊衛澤、范長祕、仇和、余遠輝、呂錫文、李雲峰、牛志忠、楊崇勇、張喜武和莫建成。

中央委員、民政部原部長李立國被留黨察看二年，行政撤職，降為副局級非領導職務，中央委員、安監總局原局長楊煥寧被留黨察看二年、行政撤職，降為副局級非領導職務。中央候補委員、國資委原黨委副書記張喜武被撤銷黨內職務，行政撤職，降為正局級非領導職務。

落馬的中委、中候委，占整個十八屆中央委員會大約一成，顯示貪腐高官之多。據報導，十八大以來的五年中，已經至少有

130 餘名省部級及以上官員落馬。中紀委監察部網站刊文表示，五年來，共處分了近 200 萬名黨員。

前司法部長落馬 十八大後重磅女老虎

官方發布的七中全會公報首次公布了對司法部原部長吳愛英查處的消息。大陸媒體報導說，吳愛英是十八大後最重磅的「女老虎」。

2017 年 2 月，吳愛英被免司法部長之職。5 月 25 日，司法部原黨組成員、政治部原主任盧恩光被「雙開」並移送司法機關後，官方曾提到「司法部有關領導有重大責任」。

吳愛英被指是江澤民提拔起來的首名女司法部長。也有港媒披露，吳愛英是借助山東的老上司王樂泉攀上周永康而進入政法系的。在周永康任中共政法委書記期間，吳愛英一直要律師配合周的「維穩」政策。

大陸財新網報導，吳愛英是三屆中共中央候補委員、兩屆中央委員；2005 年至 2017 年初執掌司法部長達 12 年，任內多項舉措加強對律師執業活動的監管。

香港《蘋果日報》報導，吳愛英屬江派，在位期間一直配合江派周永康的所謂「維穩政策」打壓律師，並且發生了震驚中外的「709」維權律師大搜捕事件，被外界認為是與習近平要求的「依法治國」大唱反調。

2015 年 6 月，中共司法部特別布署了多項針對律師群體的管理措施，引發律界不滿，批這是「文革」重現。2016 年 10 月，大陸一百多名律師和公民曾經聯署，要求罷免吳愛英的司法部長

職務，指稱她帶頭的中共司法部領導層長期集體對抗憲法、法律。多名參與聯署的維權律師還因此遭到威脅。

一名大陸普通的律師曾以「中國的司法腐敗已到了亡黨亡國的地步」為題，披露一些黑幕並講述身為律師的親身感受。他說，法官判案是「揣著明白裝糊塗」，一起案件的司法過程如同一場遊戲。「請不要說我是搞法律的，我只是被法律搞。」

黑暗的中共司法系統，製造出無數起冤案錯案。特別是1999年江澤民殘酷迫害法輪功以來，其親信周永康掌控的中共公、檢、法、國安和武警系統，造成每年數千萬民眾上訪、冤假錯案遍地。

此外，吳愛英早在山東任副省長、副省委書記時，就積極追隨江澤民迫害法輪功的政策，夥同江派先後兩任山東省委書記吳官正、張高麗一起殘酷迫害法輪功學員。

「追查國際」的追查通告說，經查實，自1999年7月20日江澤民犯罪集團公開鎮壓法輪功以來，吳官正（原山東省委書記）、張高麗（原山東省委書記）、吳愛英（原山東省委副書記）等人，直接操縱、指揮山東省政法系統對法輪功的迫害，導致山東省成為全國打壓法輪功最嚴重的省份之一。

經國際人權組織證實，截至2004年2月24日，山東省被迫害致死的法輪功學員至少達100人，居全國第三位。

七名現任中央紀委委員被處分

十八屆中紀委的120多委員中，已有七人被處分。分別是申維辰、梁濱、王仲田、李建波、曲淑輝、李剛、劉生杰。其中兩人被雙開，兩人被撤職。中央軍委後勤保障部副部長劉生杰被撤

銷中紀委委員職務。

港媒稱，除了七人被處分，十八屆中紀委委員中的 77 人因為屆齡退休或是職務變動，不會再留任紀委。

紀檢系統官員本是習近平所依仗的強力反腐打虎的主力軍，但是紀委系統不斷曝出「內鬼」。

七中全會上查處的中共中央候補委員、中紀委駐財政部紀檢組長莫建成就是其中一個。莫建成此前曾先後在內蒙古、江西兩地任職，歷任內蒙古黨委常委、宣傳部長，江西省委常委、組織部長，江西省常務副省長、省委副書記等職。2015 年 12 月起其轉任中紀委駐財政部紀檢組長、財政部黨組成員，在財政部排在部領導班子第三位。

中共官媒微信公號「長安街知事」曾報導，2010 年後莫建成在江西與時任省委書記蘇榮有多年工作交集。蘇榮任省委書記時，莫建成是組織部長。報導說，莫建成調離江西不久，2016 年 10 月 8 日，巡視組「回頭看」反饋中再被提及，要求全面肅清蘇榮「餘毒」影響。

江西是曾慶紅的老家，長期以來是曾的勢力範圍。其中，中共全國政協原副主席、江西原省委書記蘇榮是中共十八大以來被打下的首個副國級高官，並因此引發江西官場地震。蘇榮是曾慶紅的心腹，由曾慶紅一手提拔。2014 年 6 月蘇榮落馬，2017 年初因受賄 1.16 億人民幣被判無期徒刑。

中紀委「內鬼」還有：中央紀委第六紀檢監察室原副處長袁衛華，第四紀檢監察室原主任魏健，十一紀檢監察室原副局級紀律檢查員、監察專員劉建營，第九紀檢監察室原副主任、原正局級紀檢專員、監察專員明玉清，第六紀檢監察室副處長袁衛華，

第六紀檢監察室原副局級紀律檢查員、監察專員羅凱，第十二紀檢監察室原處長申英，第八紀檢監察室原處長原屹峰等。

據官媒披露，自十八大以來，中紀委機關已有 38 人被處理，其中 17 人被立案查處、21 人被調職；整個紀檢監察系統共處分 7200 餘人、處理 2100 餘人。

港媒則披露，紀委內鬼太多，王岐山對中共腐敗已絕望。

兩上將被查 十七屆軍委幾乎全覆滅

七中全會確認兩名上將，中共空軍前政委田修思和前副總參謀長（武警部隊原司令員）王建平被開除中共黨籍。這是王建平、田修思分別於 2016 年 12 月、7 月被調查後首次被當局公開處理。

至此習近平當局公開處理的中共上將已有五名，分別是中共前軍委副主席徐才厚、郭伯雄，空軍前政委田修思，武警部隊前司令員王建平，國防大學前校長王喜斌，他們被稱為中共「五腐上將」。

十九大前，外界紛傳，中共軍委聯合參謀部前參謀長房峰輝和政治工作部前主任張陽也被當局調查，但官方至今未公開消息。房峰輝和張陽已不在十九大代表名單中。

自徐才厚落馬之後，就不斷有消息稱，前國防部長梁光烈已被長時間調查，之後梁主動退贓才未立即步徐才厚的後塵。

香港《南華早報》2016 年 8 月初曾述引述消息人士報導，兩名退休上將李繼耐及廖錫龍當年 7 月被帶走，但不確定他們是本人被調查或只是協助調查。

李繼耐和廖錫龍都在 2013 年退休。

2017 年 9 月 1 日，日本共同社報導，中共軍方前海軍司令員吳勝利涉嫌違紀正在接受調查。其案由中紀委負責調查。他於 2017 年 1 月卸去海軍司令員一職。

至此中共第十七屆軍委當中的副主席郭伯雄、徐才厚，軍委委員梁光烈、李繼耐、廖錫龍、吳勝利或已落馬或傳出被調查，幾乎全軍覆沒。而當時的軍委主席胡錦濤被江澤民的鐵桿郭伯雄、徐才厚架空。

落馬的上將和傳被查的兩名上將房峰輝、張陽，多被指是郭伯雄、徐才厚的親信。其中田修思被指是郭伯雄的親信，王建平被指是徐才厚、周永康的心腹。

現年 67 歲的田修思是河南孟州人，曾在蘭州軍區工作近 40 年，而郭伯雄曾任蘭州軍區司令員，在任期間提拔了不少將官。

郭伯雄出任中共中央軍委副主席後，田修思快速升遷，從 2002 年到 2009 年短短七年間，就完成了從正軍職向大軍區正職的跨越，他從陸軍第 21 集團軍政委升任為成都軍區政委。

2012 年 10 月，毫無空軍經歷的時任成都軍區政委的田修思突然被空降為空軍政委。港媒說，田修思是在郭伯雄、徐才厚的幫助下，前後花了約 5000 萬元人民幣才跨軍種出任空軍政委。

田修思擔任高級將領後，被曝「脾氣大、嗓門高，一不順心就張口開罵」，據悉曾經有兩名軍官「因為他一句話被勞教兩年」。

徐才厚、郭伯雄分別於 2014 年 6 月、2015 年 7 月落馬，田修思也在 2015 年 8 月轉任中共人大，2016 年 7 月被調查。

2017 年 12 月才滿 64 周歲的王建平，是首名落馬的現役上將。他不僅與「軍老虎」郭伯雄、徐才厚關係密切，還與江派大員、

前政法委書記周永康也關係密切。

王建平早年在瀋陽軍區下轄的第 40 集團軍服役，而徐才厚曾長期在瀋陽軍區任職。徐才厚落馬半年後，王建平 2014 年底由武警部隊司令員調任副總參謀長。

王建平當時調任副總參謀長時，雖然級別沒變，可他的老家撫順已有傳聞：「拿掉王建平的實權是為了揭武警部隊貪腐的蓋子。」

王建平從 2009 至 2012 年間任武警部隊司令員時，直接向時任中共中央政法委書記的周永康報告工作。

據悉，由王建平把持的武警部隊是周永康、薄熙來政變主要依靠的軍事力量。周永康、薄熙來、曾慶紅、江澤民等人密謀的政變在 2012 年 2 月曝光後，薄熙來於同年 3 月 15 日被抓。

就在薄熙來被抓四天後，據悉周永康為了搶奪薄熙來案的關鍵證人大連實德富商徐明，曾發動「3·19」未遂政變。港媒稱，周永康當時調動大規模的武警部隊，還包圍新華門和天安門。胡錦濤急調 38 軍入京，38 軍士兵同政法委大樓外的武警發生對峙，武警對空鳴槍示警，但 38 軍的部隊迅速將眾武警繳械。當晚不少北京市民都聽到槍聲。

周永康於 2014 年 7 月落馬後，其掌控的武警部隊被大規模地清洗，包括武警部隊前司令員王建平、武警部隊副司令員牛志忠、武警政治部副主任侯小勤、武警交通指揮部司令員劉占琪、武警福建省總隊司令員楊海、武警江蘇省總隊司令員于鐵民、武警河北省總隊司令李志堅等。

更大巨貪江澤民曾慶紅等未被查辦

五年前，江澤民、曾慶紅的勢力仍控制著中共內政外交的一切領域，胡錦濤當政十年，做了十年「兒皇帝」。習近平上台後，殺出了一條血路，打掉眾多江派高官。隨著習近平登頂「習核心」，江派勢力一去不復返。

七中全會公報中首次出現「反腐敗鬥爭壓倒性態勢已經形成並鞏固發展」的說法。習近平上台以來發動的反腐運動，從幾年前的「兩軍對壘，呈膠著狀態」到如今的「壓倒性態勢已經形成並鞏固發展」，顯示習近平當局經過五年時間，與江派人馬的鬥爭，目前已將「壓倒性態勢鞏固發展」。而且七中全會上，習近平的地位再次得以鞏固。

但是至今，習當局的反腐仍未觸及江澤民和曾慶紅兩大貪腐家族。

江澤民黨政期間，本人帶頭貪腐，其子江綿恆被指為「中國第一貪」。

中共內部最大的利益集團就是江澤民集團。江澤民在位期間，把中共內部的腐敗發展成為制度性、系統性和公開性的腐敗，中共官場全面腐敗墮落，無藥可治。江澤民被稱為中共腐敗的「總教練」。

江澤民縱容腐敗的政策，使得大量中共各級官員為權錢聚集在江澤民周圍，尤其是身居中共高位的眾多江澤民親信，其家族都富可敵國，比如曾慶紅家族、劉雲山家族等。

外界認為，江澤民家族貪腐所涉金額之巨難以估量。1994年，江綿恆用數百萬人民幣「貸款」買下上海市經委價值上億元的上

海聯合投資公司。幾年間江綿恆已建立起龐大的電信王國，並染指上海眾多重要的經濟領域。早在 2003 年，海外即有報導說，江澤民在瑞士銀行有 3.5 億美元的祕密存款，江還在印尼的峇里島有一棟豪宅。

中共的國企方面，石油、電信、鐵道、金融等利益最豐厚的企業都被江澤民、曾慶紅、周永康、劉雲山、李長春等家族長期掌控。

港媒《爭鳴》2017 年 4 月號報導，中共兩會結束後，3 月 18 日，中紀委副書記趙洪祝、中組部長趙樂際在北京玉泉山幹休所約談曾慶紅及其兄弟、中共前文化部特別巡視員、文化部駐香港特派員曾慶淮，約談內容主要是曾慶紅家族在經濟領域和在境外社會活動的情況。

報導說，曾慶紅、曾慶淮兩兄弟的家屬在國內、港澳、外國持有 400 億至 450 億元人民幣資產，其中在香港 28 億至 30 億元、澳門 10 億元。在澳洲、新西蘭、新加坡、馬來西亞、泰國等持有 36 億美元至 40 億美元。

此外，曾慶紅兒子曾偉在澳洲、新西蘭開設公司都以中資名義，每年貿易額 25 億至 30 億美元。曾偉在澳洲、新西蘭持有物業 20 餘幢，至今和國內企業有商業活動。報導稱，曾偉已四年未回大陸探親。

而曾慶淮女兒曾寶寶是五家上市公司的副董事總經理、副總經理、執行董事。她在深圳、廣州、南昌、武漢的地產收入就超過 400 億元人民幣。而她興建的深圳豪華大廈，資金全由銀行借貸買入土地。

此前多方報導指，曾慶紅家族的貪腐規模驚人，僅僅其子曾

偉就曾經通過魯能案侵吞 700 億人民幣。

曾慶紅兒媳蔣梅則被指與哈爾濱仁和房地產老闆戴永革相互勾結，大搞非法集資洗錢活動，掠奪和轉移贓款超過千億之多。

據報，對上述曾慶紅家族斂財的情況，中紀委已完全掌握。

中共官員不信馬列 黨媒自曝危機

10 月 12 日，《人民日報》發表題為「信馬列豈能拜鬼神」的文章，以前四川省高官李春城和江西安遠縣委原書記鄺光華等為例稱，這些官員或濫用職權進行封建迷信活動，公事私事都請風水先生做道場，或常年佩戴「求神避邪」符，把風水先生奉為「座上賓」。

陸媒此前報導稱，十八大以來，落馬官員搞「封建迷信」、不信馬列信鬼神的新聞頻見報端，上至正國級周永康，下至縣委書記邊飛。

2007 年 5 月 22 日《南方都市報》曾發表題為《官員緣何不信馬列信鬼神》的文章。文章說，信馬列和信鬼神不能簡單地對比，但信不信馬列，對許多官員來說，並不對自己的利益產生影響，只有說不說馬列才產生影響，所以他們公開言說馬列主義，私下裡求神拜佛。

港媒 2016 年 4 月曾披露，中共面臨意識形態全面失敗問題，主要徵兆是 90% 的黨員有「第二信仰」。

2015 年中共未完成的一內部調研報告稱，中共司局級及以下離退休幹部熱中「含有宗教信仰內容」活動的比例達 67%。

上述調研的簡報本送到中共書記處，消息人士說，「多數政

治局委員被驚呆了」。

但 2017 年過年後的情況反饋卻讓北京高層頭疼不已。以湖北武漢歸元寺為例，初一「搶頭香」傳統儀式參加者比前年增加 5.9 倍，外地人數純增 23 萬。依據入住賓館身分證信息對其中 1000 人在中共組織系統信息庫隨機抽查其身分，黨員幹部與家屬達 710 人。

文章表示，這從一個側面說明，中共以意識形態代替宗教信仰的政治控制政策失敗，或面臨政治信仰崩潰危局。

制度性腐敗 習近平王岐山挑戰體制

習近平十八大上任後，發動「老虎蒼蠅一起打」的反腐運動。

據中共官方之前的資料，十八大以來，已在中央、省、地三級立案偵辦 243 萬多個案件，受處分者達 237 萬多人。但外界認為實際數字遠不止這些，更多的反腐數據被中共刻意掩蓋。有消息說：中共紀檢系統壓下的不回覆舉報材料已超過 500 萬份，「一百年也處理不清」。

目前已經被查處的涉貪落馬官員人數之多、級別之高、數額之巨，「登峰造極」。原中共監察部官員王友群曾對《大紀元》記者表示，中共的腐敗已經達到了人類有史以來「登峰造極」的地步。就像癌細胞一樣，一批癌細胞被殺死了，成千上萬的癌細胞又被複製出來了。防不勝防，無藥可治。究其根源，中共的理論、體制、機制都是滋生腐敗的土壤。

而中共大規模制度性腐敗始於江澤民。江當政期間，中共官場幾乎到了無官不貪的地步。造成這種局面除了共產極權制度的

根本因素外，江澤民實行「腐敗治國」政策讓中共官場空前糜爛。

時政評論員夏小強表示，中共體制已經腐敗到骨髓，不可救藥。在中共內部要找到一個不貪的官員，難度很大。而且這個體制只要存在一天，就會自動產生出新的腐敗，就像癌細胞的自動複製和擴散一樣無法救治。

夏小強認為，如果習當局動真格地反腐，等於是在向中共體制挑戰，自然就會被這個體制自動視為最大的威脅，就會成為這個體制的消滅對象。這個體制將會糾集全部的力量，來消滅對其的威脅。如今習近平和王岐山，面對的就是這樣的局面。

第二節

中共全面「刷臉」
電子極權主義產生

2017 年 8 月 9 日，一名中國交通警察走過了上海路口安裝的面部識別屏幕。（AFP）

　　蘋果（Apple）iPhone X 新機 2017 年 11 月 3 日全球開賣，最大亮點的就是其內建 Face ID 人臉辨識系統，預計將帶動「刷臉時代」。不過，中國大陸在中共十九大之前，「天網」智慧人臉辨識系統就已先在幾個主要城市上路，將透過遍布的監視器，捕捉路人的臉部信息以監控公眾行為。

　　臺灣中研院人文社會科學研究中心 11 月 3 日舉辦「失去方向的中國」講座，邀請法國賽爾奇・蓬多瓦茲大學教授張倫主講，臺灣民主基金會執行長徐斯儉、中山大學政治所副教授陳至潔與談。

人臉辨識 網路監控異議人士言行

陳至潔在會中提到，中共主張 2020 年要完成社會信用體系的全覆蓋，目前在上海、杭州、廣州、新疆維族自治區都已開始上路，中共實際是想實現「數位列寧主義」，想要以超現代的技術，完成前現代的政治工程，希望在人民有反政府思想跟動作出現之前，就先予以逮捕。

陳至潔說明，中共從電子商務的交易行為，去判斷民眾的意識形態，是凡親政府或反政府的言論，政府藉由大量資金，連結數據庫，從商業行為去預判人民的政治態度，一旦發現「反政府思維濃度」過了臨界點，警察就會去「拜訪」。

他指出，目前中共宣傳部、思想機器正在進行這項工程，且不是只有中共想達成，國際上與中共持有類似思維的政府也都殷切期待，希望演算法能盡速產生，讓他們能盡快用上。

「微信的使用者，在你打字的頭幾個字，演算法就已經開始計算，只要意思跟敏感字元非常貼近時，網管就做即時刪帖。」陳至潔提到，自己參與新南向工作，發現越南是真心羨慕中共，越南宣傳部非常羨慕上述的作為，因此盼中越關係盡快改善。

社經發展想穩定 法律須超越政權

徐斯儉表示，中共不僅微博群組都要實名制，更出現臉部辨識等生物系統，透過大數據進行控制，這是新的電子極權主義的產生。但這種社會模式是否能持續，他持懷疑的態度，因社會經濟發展到一定程度，產權應更加明晰，經濟運作才有效率，為了

保證產權明晰的長期化，需要穩定的法律制度，該制度須超出政權更替才能穩定。他指出，中國經濟現在走到高原，但任何國家不可能經濟高速起飛超過 30 年，若不把現代社會應有的制度建立起來，接下來靠什麼維持經濟發展動力？

徐斯儉談到，這次十九大，「習近平新時代中國特色社會主義思想」入了中共黨章，但說不出內涵到底是什麼。

或被操縱或向自由的關鍵時刻

「中國大陸控制最核心部門的都是權貴，紅二代、紅二孫，以他們為核心，實施控制，透過國家面貌去控制資本，然後壟斷，進而去創造新的經濟模式，包括電商也是如此。」

徐斯儉提到，這個壟斷資本的集團，實際上是習近平統治的最大挑戰，是最沒有效率的、最危險的系統，習接下來要執行金融反腐，要清理這些他過去的盟友嗎？中國人民銀行行長周小川談到中國經濟面臨「明斯基」時刻，也說明此事，或許是因為周要卸任了，所以把實話說出來。

張倫則指出，中共嚴控信息是大問題，但其實每一次現代文明發展時，都會伴隨一個極權主義的興起，當初第二次工業革命就出現蘇維埃政權，不斷伴隨這種博弈，所以 1990 年代許多人說網路是上帝帶給中國的禮物，中國人從此要自由。

但他認為，網路絕對可以被自由奮鬥者使用，另一方面很可能就是權力操縱的工具，這是人類生活最深刻的悖論之一，而中共也以這種方式給人類帶來挑戰，但也正因為如此，今天比起任何時刻，爭取民主、自由、透明更為至關重要。

第三節

人權觀察揭
中共建數據庫採集人聲

　　據人權觀察網 2017 年 10 月 22 日報導，國際組織人權觀察 10 月 12 日在紐約表示，中共當局正與安徽科大訊飛公司（Iflytek）合作，開發一種試驗性監控系統，自動識別目標人聲，採集公民「聲紋」樣本，以建立全國聲紋數據庫。中共正在編織一張日益嚴密的監控網，引起外界擔憂。

　　人權觀察已於 2017 年 8 月 2 日致函科大訊飛公司，查詢該公司與公安部的商業合作關係等，但迄今未獲回復。

採集聲紋 民眾不易察覺

　　人權觀察中國部主任索菲·理查森（Sophie Richardson）表示，中共一直在採集民眾的聲紋特徵，但整個計畫缺乏透明性，也沒有法律來規範採集目標以及相關信息的用途。這樣的數據太容易被當局濫用。

　　人權觀察指出，中共為了大量監控和社會控制，不斷建構大規模的生物特徵數據庫，採集公民數據。和採集其他生物特徵如指紋或 DNA 樣本不同，中國民眾根本察覺不到自己的聲紋已被採集。

　　報導稱，相較於公安機關其他生物數據庫，聲紋數據庫尚在起步，樣本數量不多。截至 2015 年，公安機關已在試點安徽省採集到 7 萬份人聲樣本。

　　報導援引官方文件稱，公安機關採集聲紋時，將同時收集其他包括指紋、掌紋、人像、尿液和 DNA 樣本，做到信息採集「標準化」、「一體化」。這種技術被外界認為應用在反恐和「維穩」，打壓異見人士。報導稱，中共正在編織一張日益嚴密的監控網。

安徽是試點省

　　人權觀察發現，中共公安部於 2012 年開始建設全國聲紋數據庫，安徽省為試點省份之一。2014 年，安徽省各地公安局陸續添購聲紋採集終端設備。2016 年，居住著 1100 萬維吾爾族的新疆開始大量採購聲紋採集設施。此外，廣東省、福建省安溪縣、湖北省武漢市和江蘇省南京市公安機關也都建有聲紋數據庫。

　　普通公民的聲紋也遭到採集，例如用於追蹤流動人口。2017 年 4 月，安徽省宣城市公安機關稱將對轄區內農民工的聲紋、指紋和血樣進行採集；2017 年 4、5 月，河南省鄭州市公安機關分 2 次發布信息，稱該市已對維吾爾流動人口的聲紋和其他生物特徵進行全面採集。據人權觀察早先報導，新疆居民申辦護照時須由公安機關採集生物特徵，包括聲紋樣本。

理查森認為，中共當局的監控工具推陳出新，隱私權卻遠遠滯後。當局應立即停止採集高度敏感的生物特徵數據，直到建立明確可靠的法律保障機制。

人權觀察指出，鑒於生物特徵數據的敏感性，政府官員應當避免採集或利用這種信息。除非對偵辦重大犯罪確有必要，不應用於輕微犯罪或行政目的。採集和使用應僅限於涉案人員，而不包括沒有涉案的廣泛人口。個人應有權利知悉政府握有其何種生物特徵數據。

科大訊飛助公安部建全國聲紋數據

人權觀察指出，科大訊飛建成全國第一個「海量語音自動說話人識別監控系統」，生產全國 80％的語音識別技術。科大訊飛助中共公安部建成全國聲紋數據庫，是新疆和安徽公安廳指定的聲紋採集系統供應商。

科大訊飛開發完成「關鍵詞檢測」，可用於「公安」、「國防」等領域。但網站並未說明其「關鍵詞」的安全威脅具體所指。該公司 2013 年 8 月提出的專利申請，在電話網或互聯網上發現「音頻檔重複模式」的系統，可被用於「輿情監控」。

科大訊飛和清華大學電機系設有聯合實驗室。而清大電機系是公安部金盾工程的要角，在開發電話自動監控的語音和說話人識別技術方面有很多年。

科大訊飛還開發出一系列文字語音轉換和語音識別的手機應用程式。一款專供中國安卓手機使用的語音支援應用軟件，其用戶已達 8 億 9000 萬人。該軟件提供海量語音數據集，其中可能

包括監控功能。

人權觀察指，科大訊飛為商業用途收集的個人信息，在何種程度上與公安部分享不得而知。該公司的客戶隱私聲明雖然承諾維護保密性，但該公司又說可以「依據相關政府部門的要求」提供個人信息。

2014 年人大開會期間，人大代表科大訊飛董事長劉慶峰曾敦促當局「盡快利用大數據反恐，加快建設聲紋庫。」

微信公眾號「法證達人」2015 年 12 月曾發文稱，2012 年，安徽省公安廳、公安部物證鑑定中心、科大訊飛股份有限公司聯合建立「智慧語音技術公安部重點實驗室」，雖然建在安徽合肥，但卻給全國各地的公安機關提供服務。

文章並指，「天網」目前所獲取的都是畫面信息，警方或將在探頭上加裝收集聲音信息的麥克風。一旦取得成功，「天網」就將裝上「順風耳」。

十九大接班人缺位之謎

第十一章

中國最黑暗的一頁

1999 年 7 月 20 日，江澤民發動對法輪功的鎮壓，上億信仰真善忍的群眾受到非法勞教、牢獄酷刑；大人被迫離職、小孩失學，家庭破碎；被迫害致死、致殘者不計其數。一場沒有硝煙的戰爭，把十數億中國人捲入，堪稱當代中國社會最黑暗的一頁。

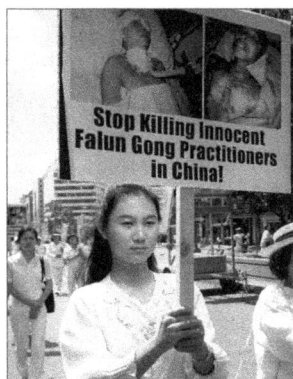

2001 年 7 月 20 日美國法輪功學員在首都華府接露迫害，呼籲制止中共殘酷虐殺中國法輪功學員。（AFP）

第一節

一個農村老太太的神奇故事

（本文摘選自 2016 年明慧網第 13 屆大陸法會文章：歷盡魔難救眾生。作者為山東大法弟子香蓮）

我的得法真神奇

我今年 70 歲，是 1997 年開始修煉法輪大法的農村弟子。前 50 年和其他農村婦女一樣嫁漢生子，勤掙苦扒過日子，到了 50 歲身體就垮了，腹膜炎、腎炎、氣管炎、腰椎間盤突出，一身的病折磨得我快活不成了。1996 年麥季我去地裡割麥子，腰腿疼得癱在地上，丈夫用推麥子的車子把我推回了家。

1997 年麥季前，我去鄰居家借鞋樣子想給兒子做鞋。見她家有本《轉法輪》。鄰居告訴我：「這本書是修佛的。有緣人看了都說好，無緣的人看了就不行。」我才讀了不到一年的書，大字識不了幾個，可還是拿起來看了看。先看到師父的像，就感覺怎

麼這麼面熟?再翻看裡面的字,了不得,滿書上的字都在跳。就覺得奇特,這書上的字怎麼會跳呢?雖然大部分字不認識,還是看,一頁書還沒看完,又覺得到處都在轉,身上裡外都在轉,屋裡也轉,但不暈。嚇得我把書一扔,說:「不行,不行,這書一看怎麼到處都轉?」

回家後想著剛才看書的感覺,一直在尋思,那是本什麼書?怎麼會這麼奇特?忍不住又去了鄰居家,她說:「你要是想學,就到前頭某某家去,等過了麥季,在她家學。」

收完麥子我就去了某某家。看到一些人在輪著念書,我識不了多少字,就在旁邊聽他們念。雖然有些地方還聽不懂,但越聽心裡越敞亮,越聽心裡越舒坦,就覺得像迷失了多年的孩子找到娘一樣,淚水止不住地流。我在心裡說,我有師父了,我要跟著師父回家。

1998 年春天,聽說市裡在某大企業組織輔導員學法交流班。我就心裡癢癢想去,又覺得自己不夠資格,加上我又不識字,沒見過世面,人家肯定不讓我去。可心裡老想去。到了日子,原來要去的同修突然有事去不了了,我問輔導員:「我能不能去?」輔導員說:「能去,誰去都行。」我就背上一床破被子,拿了路費,就讓丈夫把我送到車站,我坐了客車就去了百里之外的市裡。下了車距離學習的地方還很遠,我問了路,由於從來沒出過遠門,更沒進過城,人家告訴我怎麼走,我也是稀裡糊塗的不明白,我就背著被子朝著指的方向走去,拐拐彎彎竟一直走到了辦班的那個地方,我自己都感覺真是神了。

到了一看,真是什麼樣的人都有,有退休的老工人、老幹部、老軍人,還有市裡的幹部,也有像我一樣從農村來的,男女老少

都有。有一個在市委工作的大姐，知道我們農村來的窮，沒有多少錢，就經常從家裡給我們帶吃的。這大姐一點架子都沒有，也沒有瞧不起我們這些不識字的農村人。能和這樣的大姐坐在一起學大法，真是從來都沒有想到的事，覺得真是幸福，心裡盼著：「別黑天，別黑天，要是能這樣，老在一起學法就好了。」

在交流學法體會的時候，有一個老年同修大姐和我一樣不識字，她交流了她識字的神奇過程，對我啟發很大。老年同修有一次抱著書睡著了，睡夢中餓了，突然看見有一大碗麵條在桌子上放著，就端起來吃。一端起碗來，麵條就變成了字，一個一個字層層疊疊的在碗裡擺著；一放下碗，碗裡還是麵條，再端起來又變成字。她很奇怪，最後想，我不識字，就吃了這碗字吧，端起來就吃了。吃完就醒了。醒來還在奇怪，到底是吃了一碗麵條還是吃了一碗字呢？更奇怪的是，當她再拿起《轉法輪》看的時候，裡面的字都認識了。

我聽了真是羨慕，我也要識字，師父肯定也會幫我識字的。

在學習班上，我感到自己在飛速提高，每天就像坐著火箭一樣，嗖嗖的往上飛，那真是一層天一層天的往上上。自己感覺整個人都變了，脫胎換骨了。那幾天是我人生中最重要、最美好的一段日子。

回家以後我想：「這麼好的功法，我要讓更多的人知道，讓更多的人受益，我也要去洪法。」於是我這個不好串門的人，有時和同修一起，有時自己一個人到鄰里百舍、周圍村莊到處去洪法。看到人家扒玉米就幫人家扒玉米、人家扒花生就幫著扒花生，一邊幫人幹活，一邊講這個法有多好，說我一身的病都好了，我都不知道是什麼時候好的。我原來腿疼得走不成路，還有腹膜炎、

腎炎，以前每年都要住院兩次，現在都好了。我家孩子多，老伴在學校教學，五口人的地，現在我一個人種。原來一身的病，現在一身的勁兒。真是「大法洪傳，聞者尋之，得者喜之，修者日眾，不計其數。」（選自李洪志師父講法《精進要旨》《拜師》）

通過我和同修熱情洪法，成百的人也來學大法了。

那時就是想學法，晚上到學法組集體學，有空就自己學，不認識的字就問孩子和老伴。不管是家裡的活、地裡的活，我都趕緊快幹，幹完了就可以學法了。不到半年，我也能完整的讀《轉法輪》和師父所有的講法了。

有一天傍晚，我看到一個大法輪在院子上空，把我家院子整個都罩起來了。大法輪有我家房頂那麼高，正轉九圈，反轉九圈；大概顯現了五、六分鐘。我就喊老伴快出來看，可老伴看了半天就是沒看見。當時我就尋思，為什麼我看得這麼清楚，老伴卻看不見？後來學法知道了，那是師父給大法弟子顯現的，以後我就常常看到法輪在這裡轉、在那裡轉。

歷經魔難 意如金剛

從 1999 年 7 月 20 日江澤民流氓集團開始瘋狂迫害大法以來，鎮政府、派出所的人員幾乎天天來我家騷擾，有時候一天來三次，逼迫我放棄修煉。9 月的一天，我們七個人在同修家集體學法，被鎮政府和派出所的人全部綁架。他們認為我是個頭，在鎮紀檢書記的指揮下，對我施加各種酷刑。

他們讓我抱著師父法像和大法書，伸直腿坐在水泥地上，用手搧我耳光，用拳頭搗我的頭，用穿皮鞋的腳在我身上亂踢，打

得我兩眼冒金星，全身紫黑，直到把我打得昏死過去。看我昏過去，他們就用涼水把我潑醒。

他們還讓我坐在水泥地上，雙手背銬著，用腳踩著我的背，把背銬的雙手從後背用力提到頭頂，我疼到休克才放下。他們還抓來一條蛇，放進了我的脖子裡。我頓時渾身起了雞皮疙瘩，那蛇在我身上亂爬，說不出的難受，十多分鐘後他們才拿走。

這些打手們，在鎮紀檢書記的指揮下，晚上在屋裡打我，白天就叫我光著腳圍著竹園跑，把腳都跑爛了，一步一個血印。我跑不動了，一停下他們就用竹棍打，竹棍都打斷了好幾根，這樣一直折磨了我四天三夜。

他們見怎麼打我也不屈服，就從縣看守所僱了個打手，據說這是全縣最狠毒的打手，不管是什麼人，到了他手裡，保證叫做啥做啥。當時他們把我兩腳併攏銬在一起，兩胳膊伸直呈「一字形」銬在暖氣管子上。我對這個打手說：「我與你無冤無仇，也沒惹你，又沒做壞事，我就是堅持我的信仰，你要是打我，你將來會死得很慘的。」打手獰笑著說：「這個你別管了！我就是專門來打你的！告訴你，在我手裡還沒有打不服的。」

這個打手打人特別疼、特別難受。他把我打昏過去，又用涼水潑醒，潑醒後接著打。當再一次醒來後，打手對我說：「你學別的不行？」我說：「別的什麼我也不學，我就學這個大法，我就是信李洪志師父，信這個大法。」他就繼續毒打。我被打得頭都歪了，抬不起來了，打手拽著我的頭髮把我的頭抬起來，用幾乎是哀求的聲音說：「你快說你不學了。」我用微弱但堅定的聲音告訴他：「死不了我就學！」我感到他的手哆嗦了一下，鬆開手轉身走了，以後再也沒看到他。

他們知道酷刑無法改變大法弟子的信仰，就在精神上羞辱我。他們把我和另外兩名同修綁到拉牲口的貨車上，脖子上套根繩拴在後面的架子上，兩手背銬著，前面用白紙黑字寫一大牌子：「法輪功肇事者」。還有兩名同修也和我一樣，把我們三人綁在車上，到本鎮各村去遊街羞辱。遊完街後，又勒索我丈夫 2000 元才把我放回家。

2002 年 3 月底的一天，我正在睡午覺，縣「610」和國保的警察闖進我家，把我從床上拽起來，拖到警車上，把我綁架到縣裡洗腦班。當時我只穿著秋衣秋褲和一雙拖鞋。當晚，就把我銬在洗腦班院子裡的一棵梧桐樹上，讓我抱著樹銬了一夜。北方 3 月的夜裡還很冷，那看門的門衛是穿著棉大衣在值班，而我只穿了一身秋衣秋褲，凍得我渾身發抖。我被非法關押一個多星期才放回家，還被勒索 5000 元錢。

不怕苦不怕難 擔起重任救人忙

《九評共產黨》發表後，截至 2017 年 11 月 16 日已有 2 億 8944 萬 3204 人「三退」（退出中共黨、團、隊組織）。圖為 2017 年 1 月 1 日遼寧省鐵嶺市區的勸退信息。（大紀元）

從 1999 年邪惡迫害法輪功以來，我就沒有停止講真相。白天拿著真相資料去趕集，碰到熟悉的人就當面發給他們，並告訴他

們大法是被迫害的，李洪志師父只是教人做好人，電視上說的都是造謠。那時候還沒有勸人「三退」（退出中共及其附屬組織共青團、少先隊）。我就給他們講大法被迫害真相。晚上出去貼真相標語、發資料，幾乎走遍了周圍所有村莊。

《九評共產黨》發表後，進入了全面講真相，勸「三退」階段。我不會寫字，一開始退個三個五個還能記住，多了就不行了，而且回家把退的名字讓老伴寫出來，有時是他不願寫，我就不問他名字怎麼寫了，只問他某個字怎麼寫，讓他教我。因為丈夫在學校當老師，問著問著他那教學的習慣就出來了，就會告訴我怎麼寫。我就用心學，他還誇我記性好。我知道不是自己記性好，是師父在幫我。

在街上勸「三退」時，不會寫我就叫對方自己寫上名字。有時實在不會寫了，我就求師父，師父啊，我勸退了不會寫名字，老去找別人寫，這不麻煩了？您看這麼多名字，要不記下來，我就忘了啊！有時一邊求著師父，一邊拿起筆來，就像有人拿著我的手在寫字一樣，那筆自己就畫上了，回家問問老伴，還都寫對了。

那個頭頭說：江也太狠了，該告

2015 年訴江以後，國內好多大法弟子受到騷擾，有的還被關進看守所、洗腦班，有的還因為怕心又流離失所。我想什麼時候了，還怕他們？

我的訴江狀在縣裡被扣下了。有一天，縣檢察院、法院的人來我家說是「回訪」。他們來了五個人，扛著錄像機，一進門，

就凶巴巴的問我是不是告江澤民了。我理直氣壯的說：「是，是告了。他迫害了我，我有權利告他。」就把迫害的過程講給他們聽。我想：「平時想找你們講真相還找不到，今天你們找上門來了，我也要救你們。」便藉機給他們講了天安門自焚是假的，講了「三退」保平安。雖然他們沒有退，但也聽到了真相，有的人明白了真相。走時，有個像頭頭的人對我說：「（江澤民）也太狠了，該告！」

過後聽說縣法院、檢察院的人到我這裡是第一家，也是唯一的一家，回去後，他們再沒到任何法輪功學員家裡「回訪」。

過了幾天，鄉鎮幹部和派出所警察又來了，領頭的是派出所長，進門就客氣的說：「例行公事，例行公事。」也沒說例行什麼公事。我就抓住時機給他們講薄熙來、周永康、李東生迫害大法遭報、全球 20 幾萬人實名訴江、亞洲百萬人舉報江澤民迫害法輪功。他們靜靜的聽著，什麼也沒問，坐了一會就走了。後來聽說，那天是因為訴江想叫我去洗腦班，坐下以後怎麼也開不了口。這些年，他們已多次聽我講過真相了。

那天，我把幾百人的「三退」名單交給一位城裡的同修讓他發到網上，他問我這些年一共退了多少了，我說我沒有記過，只知道這些年，每天都去趕四集，講真相、勸三退。狀態好時每天 30 到 40 個，狀態不好時每天 10 到 20 個，從師父叫勸三退後，我就風雨無阻，從來沒停止過，這些就是我這個月勸退的。

回想自己的修煉經歷，我知道師父一直在看護著我們，我們只有勇猛精進，做好三件事，救度更多的眾生，才是對師父最好的報答。

第二節

當代中國最黑暗的一頁

中共江澤民集團迫害法輪功至今 18 年，全球超過 252 萬位民眾向中國最高檢察院及最高法院舉報江澤民。圖為巴黎人權廣場上民眾了解法輪功真相，簽名舉報江澤民。（AFP）

1999 年 7 月 20 日，中共時任黨魁江澤民一手發動了對法輪功修煉團體的鎮壓，這是利用整個國家機器，針對中國大陸及海外數千萬信仰「真、善、忍」的無辜百姓的犯罪行為，謊言、酷刑，慘絕人寰。

製造謊言 挑起仇恨

行騙是中共綁架老百姓的慣用黑術。在中共歷來的政治運動中，都是謊言先行，醜化打擊對象，矇蔽百姓。1999 年 7 月，鎮壓甫一開始，中共江澤民集團命令全國各級電臺、電視臺、報紙，以造謠詆毀的方法，將法輪功妖魔化、政治化。

為了煽動民眾的仇恨，中共炮製了大量謠言和一系列假新聞，誣衊誹謗法輪功創始人，構陷法輪功學員。例如所謂的「煉

法輪功導致 1400 人致死致殘」、「天安門自焚案」、法輪功和黨爭奪人民群眾、海外「敵對勢力」支持、美國給法輪功學員開工資等等。

中共編造的「1400 例」是怎樣出爐的？官方通過收買和威逼，讓一些不煉法輪功的人扮演煉功受害致死的角色。在 1400 例當中，許多人的親友早已證實，當事人根本不煉法輪功。

■龍剛精神病復發跳河 嫁禍法輪功

例如，家住重慶永川雙石鎮雙橋街 70 號的龍剛，一直患有精神病，後因精神病復發跳河死亡，被中共利用來嫁禍法輪功。中共歪曲報導此事後，龍剛的母親於 2002 年 1 月 13 日在明慧網刊文澄清事實：「兒子有沒有精神病作為父母是最清楚的，天下哪有不心疼子女的父母。兒子確實有精神病，當時是精神病復發跳河死亡，與法輪功沒有任何關係。這是誰也抹煞不了的事實，作為他的父母，我們必須說真話，不能昧著良心誣衊法輪功。」「在我兒子死後，一位姓杜的記者來採訪我兒媳婦，叫她說自己的丈夫是煉法輪功的，把一些誣衊法輪功的話寫在紙上，叫她照著上面寫的念，並要兒媳婦配合他說法輪功不好的話。當時兒媳婦迫於壓力這樣做了。第二天還給了她 200 元錢。用錢收買良心。他們還教我孫子說誣衊法輪功的話，電視上的假新聞就是這樣編出來的。」

■李淑賢為免費治療 謊稱煉法輪功

還有一例是黑龍江的農婦李淑賢。1999 年 7 月，李淑賢患胃潰瘍住進哈爾濱第四醫院，病重期間因生活貧困交不上住院費，

醫院院長主動給他們出主意，說：「你們就說李淑賢是煉法輪功煉的，就能獲得免費治療，並在生活上還能給予照顧。」李淑賢和家屬為了利益同意了。於是，哈爾濱市《新晚報》記者迅速趕到醫院採訪，用編好的臺詞讓李淑賢的丈夫照著說，還告訴他：「你得帶著表情，說得像真的一樣，人們才會相信。」事後李淑賢病情不斷加重，醫院卻沒有遵守承諾免費為其治療，而是令李淑賢強制出院。回家後沒多久，李淑賢病故。

■傅怡彬精神異常 謊稱法輪功控制

2001 年 12 月 23 日，新華社報導說，北京市的傅怡彬在法輪功的「精神控制」下，殺父、殺妻、害母。原北京居民馬瑞金對媒體爆料說：「他（指傅怡彬）有一個親戚在黃寺大街附近住，和我曾經是同事。大概是在 1993 年的時候，他這個親戚就和我們說過，說他經常就是不穿衣服，一絲不掛的就到處亂跑，家裡人怎麼管都管不住。」另一位大陸網民也在網上披露了相同的情況。他說：「我原來就認識傅怡彬的親戚，中央電視臺播放『京城血案』後，由於好奇就去問他的這個親戚，據其透露：傅怡彬原來就神經不正常，而且經常犯病。」

「早知自焚偽案會被識破就不拍」

2001 年 1 月 23 日（除夕）下午，天安門廣場「突發」五人自焚事件。事發後僅兩小時，央視喉舌新華社以超乎尋常的速度向全世界發出英語新聞報導此案。事實是：中共找了幾個不煉法輪功的人，到天安門前去佯裝自焚，然後從不同角度拍攝、剪輯

是自焚还是骗局？

央视"自焚"录像中，被大火烧过的王进东，他两腿间盛满汽油的警劈瓶却完好无损，最易著火的头发也还完整，身边警察手中的灭火毯在他头上悠闲地挥来晃去……

中共央視的自焚節目播出後，海外專家通過慢鏡頭仔細觀察發現許多漏洞，充分說明這其實是一場蓄意陷害法輪功的偽案。（明慧網）

合成一個所謂的新聞片，抹黑法輪功學員。

中共央視的自焚節目播出後，許多人信以為真。海外專家通過慢鏡頭仔細觀察這個節目，發現了許多漏洞，充分說明這其實是一場蓄意陷害法輪功的偽案。細心的觀眾只要把電視鏡頭放慢就可以看見，自焚者之一的劉春玲是被人打死的。在劉春玲身上的火焰基本熄滅時，有人突然用物體猛擊她的頭部，劉隨即倒地，畫面上可見一條狀物快速彈起，又以極快的速度從空中落下。誰是出手打擊的人呢？如果把那一時刻鏡頭止住，會看到一名身穿大衣的男子正好站在出手打擊的方位。另外，天安門廣場沒有滅火器，警察也不會背著滅火器巡邏，怎麼可能在一兩分鐘內就有四個人立即拿出滅火器圍在劉春玲身邊？

在自焚事件兩周後，《華盛頓郵報》記者菲力普・潘發表《自焚的火焰點燃中國的黑幕》（Human Fire Ignites Chinese Mystery）的調查報導，該記者到劉春玲的居住地開封市採訪，劉春玲的鄰居告訴記者：「沒有人曾看到過她煉法輪功。」

官方媒體報導說：「被燒重傷 12 歲的小姑娘劉思影在醫院立即進行了氣管切開手術。」但是我們在電視節目中卻聽到劉思

影聲音清脆地在和記者對話。難怪一位美國西醫大夫看完此報導後，笑著說：「氣管切開手術後，人是絕不可能在這麼短時間裡恢復講話能力的。」

2001 年 8 月 14 日，在聯合國倡導和保護人權附屬委員會第 53 屆會議上，天安門自焚案被當場揭穿。國際教育發展組織（IED）發言人說：「我們的調查表明，真正殘害生命的恰恰是中共當局……我們得到了一份該事件（天安門自焚案）的錄像片，並從中得出結論，該事件是由這個政府一手導演的。」面對確鑿證據，中共代表團啞口無言，沒有辯辭。該聲明已被聯合國備案。

明慧網 2003 年 5 月 14 日發表文章《央視「焦點訪談」女記者李玉強承認「自焚」鏡頭有假》披露，中共央視「焦點訪談」女記者李玉強 2002 年初曾當眾承認「天安門自焚」鏡頭有假。文章寫：「2002 年初，李玉強在河北省會法制教育培訓中心採訪王博時，曾和那裡被非法關押的大法學員進行所謂的『座談』，當時有法輪功學員問她『自焚』鏡頭的種種疑點和漏洞（尤其是已燒得黑焦的王進東，兩腿間夾的盛汽油的雪碧瓶子卻完好無損）。面對大家有理有據的分析，李玉強不得不承認：廣場上的『王進東』腿中間的雪碧瓶子是他們放進去的，此鏡頭是他們『補拍』的。她還狡辯說是為了讓人相信是法輪功在自焚，早知道會被識破就不拍了。」

中共編造謊言栽贓陷害，卻不允許任何協力廠商核實調查。中共既是原告又是法官，而法輪功學員根本沒有任何說話的機會。在大陸，官方喉舌媒體全天候反覆播放造假宣傳；在海外，謊言也被大量輸出，毒害各國政府和民眾。為了揭穿謊言，自 2002 年起，一些法輪功學員冒著生命危險，陸續在長春等部分地

區進行了電視插播法輪功真相。17 年來，大陸和海外的法輪功學員自發製作了各種真相資料和光盤。他們打電話、發傳真，創辦電視臺、報紙和電臺，利用一切可能的方式向人們講清真相。

酷刑虐殺 野蠻殘忍

■趙金華被暴打並電擊致死

1999 年 9 月 27 日，山東省招遠市張星鎮抬頭趙家村的農婦、法輪功學員趙金華被張星鎮的警察綁架。在派出所，警察暴打並電擊趙金華，逼迫她放棄煉功。趙金華幾次被電昏又醒來，堅持說：「煉。」10 月 7 日，趙金華停止了呼吸，時年 42 歲。

山東法輪功學員趙金華被警察綁架、酷刑虐殺。

■趙昕被毆打致癱瘓 六個月後去世

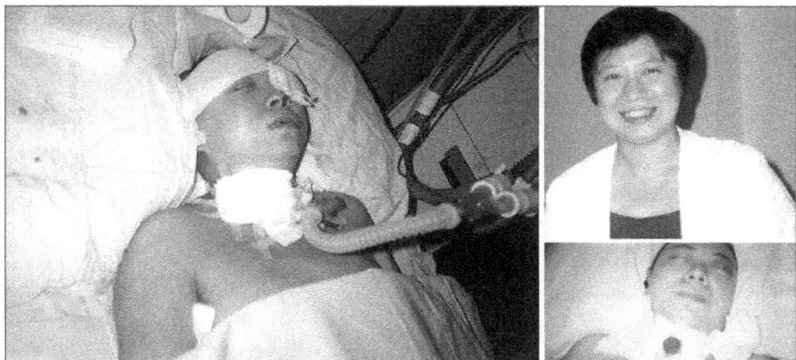

北京工商大學青年女教師趙昕遭迫害致死。

2000 年 6 月 19 日晚，北京工商大學青年女教師、法輪功學員趙昕因為在北京紫竹院公園煉功，被非法抓走。6 月 22 日，在海淀分局清河看守所，趙昕被毆打致頸椎第四、五、六節粉碎性骨折，導致全身癱瘓。2000 年 12 月 11 日，趙昕在承受了六個月巨大的傷痛折磨後去世，年僅 32 歲。

■陳運川全家被酷刑 五人死一人遭虐

陳運川昔日全家福：（前排）父親陳運川、母親王連榮和四個兒女（後排從左至右）：陳愛忠、陳洪平、陳淑蘭、陳愛立。（明慧網）

陳運川是河北省懷來縣北辛堡鄉矗房營村的農民。陳運川和老伴王連榮及四個子女共同修煉法輪功。在中共對法輪功的鎮壓中，陳運川一家受到了極為嚴重的迫害。長子陳愛忠、小女陳洪平、次子陳愛立，分別於 2001、2003、2004 年被酷刑折磨致死；王連榮和陳運川兩位老人在流離失所中相繼離世。原本幸福的六口之家僅剩長女陳淑蘭，而她卻在獄中遭受虐待。陳運川一家的悲慘遭遇是全中國數千萬法輪功學員個體與家庭悲劇的縮影。

■尹麗萍至美作證學員遭迫害致死

2016 年 4 月 14 日下午，尹麗萍女士來到美國國會大廈，在「中

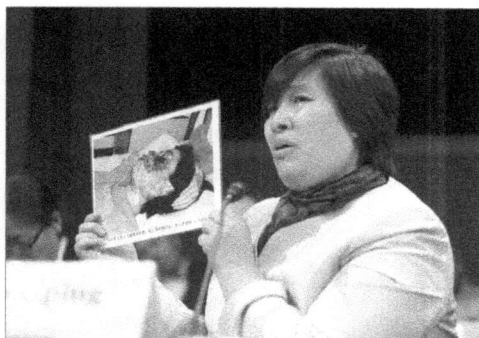

2016 年 4 月 14 日，被迫害的法輪功學員尹麗萍在聽證會上舉起家鄉法輪功學員高蓉蓉的照片，指其被中共殺人滅口。（明慧網）

國廣泛使用酷刑」的聽證會上作證。這位來自遼寧的法輪功學員，在大陸經歷了七次抓捕、三次被判勞教，並遭受了群體性侵害。在馬三家勞教所，尹麗萍還曾經被注射不明藥物，並被無數次的野蠻窒息性灌食。尹麗萍親眼見到身邊的法輪功學員遭受酷刑、被迫害致死。尹麗萍說：「我們之間曾經相互有約：其中誰能活著出去，就要把這麼毫無人性的迫害告知全世界，今天我九死一生來到了這裡，講出了她們再也無法講出的話。」

江澤民下令 610 專職鎮壓法輪功

鎮壓剛剛開始，江澤民直接下令、成立了遍及全國的「610 辦公室」，可任意支配國家資源、專職鎮壓法輪功。中共江澤民集團在全國範圍內推行「名譽上搞臭、經濟上搞垮、肉體上消滅」的群體滅絕政策，這包括在社會的各個領域、各個階層，對法輪功學員進行虐殺、酷刑和強制性奴工達到肉體上的滅絕；運用精神迫害、強制性「洗腦」實行精神上的滅絕；用政治高壓和利益裹挾全中國的媒體、司法、教育、文化、政協、共青團、婦女組織、

「反邪教協會」等機構全方位參與和配合鎮壓。

17 年來，在江澤民的「打死算自殺」、「殺無赦」等密令的指使下，中共的各級看守所、勞教所和監獄警察對不願放棄修煉的法輪功學員使用了上百種令人髮指的酷刑，包括毒打、電刑、火刑、開水燙、烙鐵烙、逼坐「老虎凳」、鐵椅子、強姦、輪姦、電棍插陰道、搯乳房、強迫墮胎、吊刑、銬刑、槍擊、虐殺、對絕食抗議者強制灌食濃鹽甚至糞便、長時間剝奪睡眠等，大批法輪功學員被虐殺、致傷、致殘。

據明慧網不完全統計，截至 2017 年 11 月，通過民間途徑傳出消息有名有姓的，已有 4154 名法輪功學員被迫害致死。由於大多數的迫害事實都被掩蓋、隱瞞，實際迫害手段的殘暴、慘烈的程度、波及的人數，無法完全獲知。

在明慧網上，還可以看到大量有關法輪功學員遭到精神病治療手段的迫害案例。截至 2014 年 3 月，有關「精神病院」的文章和消息共計 7701 篇。「追查迫害法輪功國際組織」的調查結果顯示，用「精神病治療」手段迫害法輪功學員的案例遍布中國 23 個省市自治區，至少有上百所省、市、縣、區的精神病院參與了迫害。

2000 年 6 月 23 日，《華盛頓郵報》報導了中國大陸 32 歲的計算機工程師、法輪功修煉者蘇剛的受害案例。2000 年 4 月 25 日，蘇剛去北京上訪再次被抓，5 月 23 日，其工作單位授權警察把他拖入精神病院。蘇剛的父親蘇德安說，醫生一天給蘇剛注射兩次不明藥物，一個星期後，蘇剛已不能正常吃飯或移動肢體。6 月 10 日，原本健康的蘇剛死於心臟衰竭。蘇剛叔父蘇蓮禧因將「蘇剛之死」的真相公諸於世，不久被當局送入勞教所勞教三年。

高智晟律師為法輪功上書遭迫害

中國著名維權律師高智晟先生於 2004 年、2005 年三次公開上書胡溫政權，呼籲立即停止對法輪功學員慘無人道的迫害行為，並揭露出全國普遍存在的對法輪功學員的酷刑虐待，以及對女性法輪功學員的性虐待。高律師「用顫抖著的心、顫抖著的筆記述著那些被迫害者（法輪功學員）六年來的慘烈境遇」，揭露了「令人難以置信的野蠻迫害真相」，那是「政府針對自己的人民毫無人性的殘暴紀錄」。

高律師在 2005 年 12 月 12 日的第三次上書題為：《必須立即停止滅絕我們民族良知和道德的野蠻行徑》，他如此敘述：「人類歷史上沒有哪個國家的人民，為了心靈中的信仰，會在有政府的和平時期經歷著如此規模的、如此持久的、如此慘烈的災難。這種仍在繼續著的和平的今天的災難，使數以千計的無辜同胞喪失了寶貴的生命，數以十萬計的人民被剝奪了自由。我們看到的真相表明，所有被非法剝奪自由期間的同胞，都遭到了令文明社會難以置信的對肉體的摧殘過程和對精神的野蠻殺戮煎熬。這場完全喪失人的理性的迫害過程，還使得一億多的法輪功信仰者、一億多個家庭的數億人遭受了傳訊和恐嚇，剝奪就業資格、工作機會、收入，被搶劫財產的不同程度的、不同性質的迫害和打壓，這是多麼的愚蠢、危險和不道德的惡舉。這是在持續地與全體中國人民、與人性文明及整個社會的道德基礎為敵啊！」

2014 年中共勞教所解體後，有一部分勞教所直接改為監獄，繼續非法關押迫害法輪功學員。據明慧網統計，2015 年有 878 名法輪功學員被非法判刑，目前有數千名法輪功學員被非法關押在

中國大陸監獄中遭受迫害。為了強制「轉化」法輪功學員,中共
監獄迫害的手段更加殘忍、隱蔽。

活摘器官 邪惡至極

2006 年 3 月,原遼寧省中西醫結合醫院員工安妮,向海外媒體曝光中共活摘法輪功學員器官的惡行。(大紀元)

加拿大律師大衛·麥塔斯(圖)與加拿大前亞太司司長大衛·喬高,對活摘指控進行獨立調查,2006 年 7 月發布調查報告確認活摘指控。(大紀元)

　　2006 年 3 月,原遼寧省中西醫結合醫院員工安妮,作為第一
名證人,向海外媒體曝光中共活摘法輪功學員器官的惡行。隨後,
加拿大著名國際人權律師大衛·麥塔斯(David Matas)和前加拿
大聯邦議員、亞太司司長大衛·喬高(David Kilgour)緊急受邀,
對活摘指控進行獨立調查。2006 年 7 月,兩位獨立調查員共同發

布了一份含有 53 項證據的調查報告，確認了活摘指控，稱此罪行乃「這個星球上前所未有的邪惡」。

面對指控，中共抵賴，卻不敢回應，並拒絕外國組織進入中國獨立調查。「追查國際」通過上萬通電話調查，至今獲得 60 個調查錄音，1628 份資料證據，證實自 1999 年以來，江氏犯罪集團控制全國勞教所、監獄、集中營，與軍隊、政界、司法界、醫學界、貿易界、黑社會聯手，形成大規模活體摘取法輪功學員器官的殺人網，出售器官、活體試驗、販賣屍體、販賣活人牟取暴利。特別是軍隊、武警醫療系統大規模涉入，到達隨意攫取、殺人如麻的地步。

2003 年 1 月 20 日成立的獨立人權機構「追查迫害法輪功國際組織」（簡稱追查國際），於 2009 年 12 月 12 日公布了遼寧省錦州市的一名活摘現場持槍警衛目擊一起活摘法輪功學員器官的部分證詞：2002 年 4 月 9 日，在瀋陽軍區總醫院 15 樓的一間手術室內，證人持槍警衛親眼看到兩個軍醫（其中一名軍官證號碼 0106069）將一名 30 多歲的修煉法輪功的中學女教師，未經施打麻藥，活生生地摘取了她的心、肝、腎器官。在此之前，女教師遭受了一個月的嚴刑拷打、侮辱和強暴。

加拿大著名人權律師大衛‧麥塔斯（David Matas）與加拿大前亞太司長大衛‧喬高先生（David Kilgour）著作《血腥的活摘器官》，於 2011 年 6 月 30 日在臺灣高雄舉辦新書發表會。

從 2012 年至今，臺灣立法院、歐洲議會、澳洲參議院、意大利參議院人權委員會、愛爾蘭議會外事貿易委員會、美國國會外交委員會、加拿大國會人權委員會陸續通過決議，譴責中共強摘法輪功等良心犯器官。

追查不怠 正義必勝

法輪功創始人李洪志先生說：「歷史上一切迫害正信的從來都沒有成功過。」

「追查迫害法輪功國際組織」的宗旨是：幫助和協調國際社會正義力量及刑事機構，在全球範圍內徹底追查迫害法輪功的一切罪行以及相關的機構、組織和個人，無論天涯海角，無論時日長短，必將追查到底，協助受害者將罪犯送上法庭，嚴懲凶手，警醒世人。

13 年來，「追查國際」在國際範圍內廣泛、深入、系統地追查迫害法輪功的一切罪行以及相關的個人、機構和組織，包括江澤民及其領導下的直接迫害法輪功的各級「610」系統；包括國安部、公安部、法院、勞教所、涉嫌的精神病醫院；包括對法輪功進行誣陷、造謠和栽贓的新聞媒體及喉舌；包括直接或間接參與對法輪功修煉者及其家屬進行精神、肉體和經濟迫害的人員。「追查國際」所發布的大量追查通告、名單和調查報告集都顯示出：中共對法輪功的迫害規模巨大、曠日持久、慘烈無比、罄竹難書。

紅色恐怖下，不計其數的法輪功學員受到了肉體的折磨、精神的摧殘和人權的全面踐踏，親友受到牽連，家庭破碎離散。數十萬法輪功學員被非法勞教或被判長期牢獄；大人被單位開除，四處流亡；小孩被迫退學；老人失去退休金和醫療福利。人權慘劇不斷發生，波及了中國的所有城市、鄉鎮、農村。

中共江澤民集團對法輪功的迫害是 21 世紀人類的恥辱。法輪功學員沒有被邪惡壓垮，頂住了歷史上最殘暴無恥的鎮壓。17

年來，大陸和海外法輪功學員廣傳真相，揭穿中共謊言，令世人看清中共的本質，中共的迫害難以為繼。眾多大陸法輪功學員以親身經歷指證中共的暴行，全球有超過 252 萬位民眾向中國最高檢察院及最高法院舉報江澤民。迫害凶手已經被釘在了歷史的恥辱柱上，並將接受最後的審判，更多真相將大白於天下。

第三節

迫害法輪功
山東逾 1600 人遭厄運

天網恢恢，善惡有報。據明慧網統計，截至 2017 年 8 月，18 年來，山東省因參與迫害法輪功而遭厄運者達 1646 人，有跳樓自殺、患癌死亡、車禍喪命、落馬入獄等。史實表明，對修煉人的迫害會招致最嚴厲的天譴。明辨善惡，攸關每一個人的未來。

其實，全中國各地這樣的情況也同樣出現，這是一個普遍現象。

明慧網統計，截至 2017 年 8 月，18 年來山東省因參與迫害法輪功而遭厄運者達 1646 人，上至副省長、省委副書記、政法委書記、公安廳長，下至基層警察和不明真相的民眾。

他們有的離奇猝死，有的跳樓自殺，有的患癌死亡，有的車禍喪命，有的成了植物人，有的落馬入獄，有的殃及家人慘死……

遭厄運者中，死亡人數 697 人，約占總厄運人數的 42％；患惡疾與車禍致殘成植物人的案例為 264 人，約占厄運總人數 16％；兩者之和逾 58％。

另外，被判刑者 122 人；傷病撤職的 396 人；殃及家人 386 人。遭厄運者中公安系統人員占 383 人；鄉鎮政府及街道人員占 458 人；普通民眾為 384 人。

省直屬與下屬機構人員典型案例

王敏，中共山東省委原常委、濟南市委原書記，曾任山東省「維穩」工作領導小組成員，任職期間，利用電視台、報紙等誣衊法輪功，積極參與迫害。2014 年 12 月 18 日，王敏被調查，後被判刑 12 年。

王仁元，山東省委常委、常務副省長、山東省「維穩」工作領導小組副組長，指揮迫害法輪功。2012 年，患癌死亡。

楊魯豫，原山東省濟南市市長，積極迫害法輪功。2017 年 5 月 5 日，被判刑 14 年。

李方明，山東省濟南市司法局政治部主任，從事政工、人事工作，此人常年緊密追隨中共迫害法輪功，是凡幹部有提拔任用，就讓對方在表格裡必須填上法輪功是邪教的誣衊之詞。2013 年 4 月，李在辦公室猝死。其人迫害法輪功的惡行也殃及家人，其妻身亡。

李玉妹，現任山東省副省長、原臨沂市市長、萊蕪市委書記主管專職迫害法輪功的省「610」辦公室。在臨沂任職期間，參與迫害法輪功學員和下崗的弱勢群體，兩次被「追查迫害法輪功國際組織」通告。惡行累及家人，其弟車禍身亡。

蔡秋芳，山東省副省長，追隨江氏集團迫害法輪功。2004 年，蔡患肝癌；2005 年 9 月，死亡，時年 49 歲。

杜世成，山東省委副書記、青島市委書記，積極迫害法輪功。後被判無期徒刑。

郭永其，山東省「610」辦公室負責人，專職指揮迫害法輪功。其獨子車禍死亡。

才利民，山東省政法委書記、省委常委，參與迫害法輪功。未滿六十歲被免職。

徐珠寶，山東省公安廳廳長，指揮迫害法輪功。剛被提拔為副省長兼公安廳廳長不久，即被查出胃癌，已做手術。

秦黎，山東省份管「610」辦公室的副廳長，兩年前剛退休，即被查出肺癌。

郭祥民，山東省濟南市勞教所政委，任職期間，組建了專門迫害法輪功的「濟南市法制培訓中心」。2006 年 12 月底，同警察就餐時，於眾目睽睽之下，突然倒地死亡。

趙建華，山東省老幹部活動中心主任（副廳級），長期賣力迫害法輪功。2015 年 10 月 31 日，酒後回家開樓梯門時，突然倒地死亡，時年 59 歲。

牛慶芳，山東省監獄管理局副政委，積極迫害法輪功。後患乳腺癌；2006 年大概在 5 月底 6 月初的時候，發生車禍，車體在失去平衡的情況下，連翻幾個跟頭，司機安然無恙，但牛慶芳高位截癱。

王玉章，1999 年至 2004 年任山東省監獄管理局長，期間對山東監獄系統不放棄修煉的幹警職工及家屬和被非法關押的法輪功學員進行瘋狂迫害。後被「雙規」。

陳健，現任山東濰北監獄監長，對堅持修煉法輪功的幹警、職工及被非法關押的法輪功學員瘋狂迫害。法輪功學員李光就是

在濰北監獄被活活迫害致死的。對此，陳健卻對外統一口徑，謊稱死於心臟病。一人作惡，殃及家人，2006 年 5 月，陳健之妻患乳腺癌。

劉秀占，山東大學「610」辦公室副頭目，積極參與迫害法輪功學員，對該校修煉法輪功的師生逐個施壓，逼迫他們寫「保證書」放棄信仰，不寫者直接交派出所迫害，致使該校多位法輪功學員被關進洗腦班、看守所、勞動教養所；有的被反覆多次非法勞教，至今仍被扣發工資和監視居住。2006 年末，劉秀占被確診患骨癌，後死亡。

苗仲華，2008 年 6 月任山東農業大學黨委書記（正廳級）。2010 年 1 月，苗仲華將農大附校一位堅持修煉法輪功的女教師開除公職。2011 年 9 月 8 日，被立案審查；2013 年 5 月，被判刑 12 年。

元發順，山東大學口腔醫學院黨委書記，配合「610」辦公室迫害本單位法輪功學員，用惡毒語言攻擊法輪功和法輪功創始人，被山東大學評為 2001 年度鎮壓法輪功所謂的先進個人。2002 年，元發順肝癌死亡。

郎慶田，山東新汶礦業集團有限責任公司原董事長，在任期間，一直竭力迫害法輪功。據不完全統計，其所屬系統有上百名法輪功學員被強迫洗腦，至少十人被非法勞教，至少三人被迫害致死。2014 年 10 月，郎慶田被判死刑，緩刑兩年。

遭厄運嚴重城市案例

統計顯示，青島、濰坊、煙台、臨沂遭厄運人數最多，分別是 221 人、272 人、207 人、231 人。以下是部分城市的部分案例：

1. 青島

劉命信，青島市檢察院檢察長、黨組書記，親筆批捕法輪功學員，還組織手下羅織罪名，致使荊奉莉等學員被冤判七年多。2009 年 6 月 2 日，劉突發心臟病死亡，上任兩年多即喪命。

劉建華，青島市委常委、政法委書記，指揮迫害法輪功。2005 年下半年，患癌，後被雙規。

王永利，2003 年至 2008 年任青島市公安局黨委書記、局長、青島市國家安全局長。據悉，2012 年以來一直被祕密關押受審。

趙敏，曾任青島市公安局嶗山區分局長、青島市經濟技術開發區（黃島區）公安局長、青島市公安局反恐支隊長、青島市 610 副主任等職。任職期間，瘋狂迫害法輪功。2014 年 10 月，趙被立案調查；2015 年 10 月，被判刑 8 年半。

顏波，原膠州市（青島下轄市）廣電局記者，後調宣傳部新聞報導科當記者，後提為科長。他跟隨「610」（中共專門迫害法輪功的非法組織）編寫誣衊法輪功的文章，時隔不久，突患肺癌，而立之年即死去。

張樹建，萊西市（青島下轄市）《萊西日報》報社總編，任總編期間，撰寫和刊登誹謗法輪大法的文章，並參與「轉化」迫害法輪功學員，毒害了很多不明真相的民眾。2003 年，發生車禍，張樹建當場骨折。張的惡行還殃及家人，女兒即將大學畢業之際，被確診為肝癌，不到一年即去世。

2. 濰坊

王立福，濰坊市委副書記，分管全市政法工作、主管迫害法輪功，早在 1998 年多次在大小會議上誣衊法輪功，主謀將原濰

坊市法輪大法輔導站站長李天民判刑四年。2002 年春，王立福死於肺癌，當時剛升任濰坊市政協主席不久。

陳白峰，濰坊常務副市長，參與組織、實施、推動迫害法輪功，其惡行多次被曝光，如《濰坊市多名善良的主流社會民眾遭綁架》、《濰坊昌邑「610」4 月以來劫持三十多名法輪功學員》等文章披露了陳白峰參與迫害的信息，被迫害人數之多，迫害程度之殘酷，令人髮指。2014 年 6 月 5 日，多家媒體報導陳白峰自縊死亡。

陳冠峰，濰坊柴油機廠的《濰柴周報》編輯，採編誣衊法輪功的文章，蠱惑法輪功學員放棄信仰。2004 年 8 月，陳冠峰騎摩托車帶著妻子與其小姨子赴宴回家的路上，與一輛汽車相撞，其妻與其小姨子當場死亡，陳的頭骨被撞碎，後成了植物人，躺在醫院八個月後死亡，時年 40 歲左右。

王建江，濰坊市濰城區國保隊長，瘋狂迫害法輪功。2010 年 9 月 18 日，肝癌死亡，時年 47 歲。臨死前幾天，每天抽近一小盆水；死前一晚（9 月 17 日）一整夜坐立不安，痛苦至極；彌留之際，他對妻子說：「我這是自作自受。」

董建華，濰坊市坊子區公安分局副局長，主管迫害法輪功。2001 年 9 月，董建華與妻子去青島遊玩途中，乘坐的小車突然躥入拉燃油的大卡車下，當即車毀人亡，夫妻雙雙被燒焦。

曹金輝，諸城市（濰坊下轄市）公安局政保大隊副隊長，人稱「酒鬼打手」。諸城法輪功學員遭曹金輝毒打就有幾百人。2000 年，法輪功學員楊桂真慘死在看守所後，曹金輝曾囂張無恥地說：「開膛破肚後，腸子裡什麼也沒有，白生生的，拿了一掛來炒炒吃。」曹金輝惡行殃及家人，50 多歲的妻子 2008 年腦溢

血不治死亡。2014 年，曹本人也得腦溢血死去。

3. 煙台

張建中，煙台司法局原副局長，原煙台海陽市公安局長，任職期間，積極參與迫害法輪功學員。海陽法輪功學員人數不多，被非法關押、勞教、判刑、罰款的人數比例卻很大。2011 年，張突發心臟病死亡。

姜忠勤，先後任招遠市（煙台下轄市）委副書記、政法副書記、煙台市 610 辦公室主任，瘋狂迫害法輪功；招遠市法輪功學員趙金華的死，與姜忠勤有直接關係。2015 年 12 月，姜被雙規。

胡風瑞，煙台市牟平區公安局國保大隊科長。幾年來，牟平區被非法抓捕的法輪功學員中，多人受到過他的酷刑，多人經過他手後被判刑、勞教、開除公職、無理罰款。他不聽任何勸阻，還揚言說：「法輪功能平反，我就去死！」2005 年 4 月，胡風瑞患肺癌；2005 年 6 月，身亡。

張永瑋，龍口市（煙台下轄市）「610」人員，任職期間，龍口市發生過嚴重迫害法輪功學員的「411」事件，導致法輪功學員楊美娟被判刑九年，姜淑紅五年，姜用占三年，隋玉紅五年，唐祝龍勞教二年，苗春榮一年等；其中，苗春榮的婆婆因承受不了兒媳和孫女被迫害的打擊，喝農藥自殺。2013 年，張患白血病；2017 年 1 月，喪命。

于躍進，萊陽（煙台下轄市）公安局「610」辦公室主任。自 1999 年至 2009 年，于躍進開辦洗腦班長達九年，親自動手毒打迫害法輪功學員。其惡行殃及家人，妻子 2008 年 7 月 25 日車禍身亡。2011 年 4 月 20 日，于躍進突發腦溢血死亡，時年 54 歲。

4. 臨沂

孫培群，臨沂市委副書記、「610」負責人，主管迫害法輪功，在位期間，指揮殘酷迫害法輪功學員，臨沂市發生過用蛇咬、用蠍子蜇法輪功學員的惡性事件。孫惡行殃及家人，其大兒子 2007 年突然病故。

朱忠順、趙佩俄，臨沂市委大院「610」辦公室人員，專職迫害法輪功，兩人均於 2008 年暴病身亡。

張安柱，臨沂大學學工部長，惡毒攻擊和誹謗法輪功及其創始人李洪志先生，脅迫師生觀看誹謗法輪功的畫展。2013 年 2 月 17 日，張訪問學生軍訓部隊指揮員期間，在賓館房間暴亡。

晁德明，臨沂市公安局蘭山分局法制室主任。本地多位法輪功學員被法制室立案、審批、上報。2013 年 4 月 9 日，晁從 18 樓跳下身亡。

孫立，臨沂市沂南縣公安局「610」人員，專職迫害法輪功。2004 年 7 月 1 日那天，孫立在孟良崮做全市迫害法輪功學員的「經驗」交流後，覺得身體不好受，出來休息一會，卻離奇摔死在山谷中。警察費盡周折才找到其屍體，狀慘不忍睹。人們都在議論：「這個人不幹好事，經常抓捕煉法輪功的，這就是報應。」

吉興梅，臨沂市沂水縣諸葛鎮委女書記，瘋狂迫害法輪功學員，曾拿棘子枝連頭帶臉地抽打女法輪功學員，棘子針刺到肉裡；法輪功學員楊建國，被吉興梅帶多人毆打折磨致精神失常。吉興梅後調到臨沂市羅莊區任三把手；有一次，陪人醉酒後，自駕車追尾，撞在拉鋼筋的車上，身體多處被鋼筋戳穿，臉面像個蜂窩煤，在殯儀館用蠟抹平，其狀甚慘。

其他城市案例

唐華，原聊城市政法委常務副書記、綜治辦主任，指揮迫害法輪功。2017年5月18日，唐華死亡；家人怕說「自殺」引來事端，對外稱心臟病死亡。

劉明星，冠縣縣長，參與迫害法輪功，撥款建洗腦班，在大會上公開誣衊大法，致使冠縣上千名法輪功學員被強制洗腦、勞改、勞教、被迫流離失所。2005年10月，劉得了肝癌，花100多萬元換肝，只活了半年，於2006年5月死亡，時年58歲。

周西瑞，菏澤市公安局牡丹分局原政保偵查大隊長，瘋狂抓捕多名法輪功學員。2007年5月，肝癌死亡，時年52歲，臨終前極其痛苦。

盧彥春，日照港鐵運公司原黨委書記，2000年至2002年任職期間，主動參與迫害法輪功，先後兩次逼迫近十名法輪功學員下崗，並惡言攻擊法輪功。2002年夏天，盧強行將數名法輪功學員押送到王村洗腦班。過了20天，盧突感身體不適，醫院確診肺癌，半年後死亡。

于吉海，威海市經區皇冠派出所警察，參與迫害法輪功，曾惡意攻擊法輪功。2000年一天中午，突然身體後仰暴死。

更多案例

濟南市公安局文化保衛支隊調研員董建村，被列車撞得腦漿迸裂、身首異處死亡；

棗莊市公安局處長王世海，突發心臟病死亡；

山東省滕州市委常委政法委書記、司法局長彭慶國，落馬；

勝利石油管理局長、中石油公司監事王立新，落馬；

墾利縣原「610」辦公室主任李明信，肝癌死亡；

淄博市高青縣原交通局長李安君，胃癌死亡；

濱州市濱城分局治安大隊長馬愛國，突發心臟病死亡；

濟寧金鄉縣公安局副局長劉憲文「表彰會」當天車禍死亡；

濟寧市梁山縣「610」頭目劉傳秀，突然倒地猝死；

泰安市政法委副書記董國吉，獲刑 15 年半；

泰山療養院護士長吳桂鳳，得怪病死亡；

萊蕪市萊城公安分局信訪科長孫京來，暴病死亡；

德州市經濟開發區派出所副所長馬廷照，罹腦瘤三年死亡；

……

「希望所有人明辨善惡 看清方向」

《大紀元》特稿評論說，「歷史和現實已經給人類留下了很多深刻的教訓：曾經強大的羅馬帝國因為迫害基督徒長達 300 年而遭受四次大瘟疫，最後滅國。北魏太武帝、北周武帝、唐武宗、後周世宗之『三武一宗』的滅佛事件，令百姓受難，滅佛的皇帝都遭到惡報：或被宦官所殺，或遍體糜爛而死，或中毒身亡。史實表明，對修煉人的迫害會招致最嚴厲的天譴。」

「那些還在跟隨中共迫害善良修煉者、尚未意識到嚴重後果的人，需要趕快警醒，反思發生在身邊的惡報實例，並且以實際行動彌補以前犯下的錯誤。天理在衡定著世間的一切。希望所有的人都能夠明辨善惡，看清方向，在這場前所未有的正邪較量中，做出正確的選擇。」

第十二章

未來中國最大懸疑

十九大缺了過去 20 多年的一個關鍵角色，即接班人。現任常委中，沒有一個年輕十歲的人，這將給中共體制帶來重大影響，令未來中國政局增加了很大的變數。對於習近平的進一步集權，各家說法不一，有分析認為這並不一定是壞事。

中共十九大常委中沒有 60 後的入常，政治接班人缺位，令未來中國政局增加變數。（Getty Images）

第一節

接班人缺位
十九大後政局最大懸疑

十九大前江派栽培的政治接班人孫政才（左）落馬，胡錦濤認定的接班人胡春華（右）也未入常。圖為 2013 年中共兩會資料照。（Getty Images）

　　十九大入常的七人，習近平、李克強、栗戰書、汪洋、王滬寧、趙樂際、韓正，最年輕的是 60 歲的趙樂際，年齡最大的是 67 歲的栗戰書，平均年齡為 62.86 歲。外界認為有望入常的兩名 60 後：胡錦濤看中的胡春華（54 歲）和習近平自己看中的陳敏爾（57 歲），兩人都沒有躋身新一屆常委，這令很多人感到意外。

　　也就是說，十九大缺了過去 20 多年的一個關鍵角色，即接班人。這個問題很嚴重。

「王儲」缺位 破了 20 年老規矩

　　一般來說，中共最高領導人任期為兩屆（10 年），在其第一

屆任期結束時，一般會讓其繼任者進入新一屆政治局常委。胡錦濤和習近平在上一任第二個任期的角色，都是副書記、國家副主席，軍委副主席，都提前在那準備接班了。而十九大前孫政才落馬，胡春華也未入常，而現任常委中，沒有一個年輕十歲的人，這將給中共體制帶來重大影響，令未來中國政局增加了很大的變數。

有關孫政才，《新紀元》周刊出版社在 2017 年 8 月率先獨家了新書 059：《孫政才下臺內幕》，官方 9 月通報顯示，孫政才劣跡斑斑，罪名涉及違反政治規矩、洩露機密和搞權色交易等六大項。孫政才的落馬速度比其前任、十八大前落馬的薄熙來快了三倍，作為江派栽培選擇的接班人，孫政才最大罪行就是他執行江派的「復仇計畫」，想與郭文貴裡應外合搞政變，推翻習近平。

胡春華沒有進入常委，據說是他自己提出說他身體不好，不願再擔重任，而陳敏爾要入常，必須連跳兩級，這個動作太大，容易引起反彈。由於沒有合適的人來接班，故而十九大沒有選接班人。

港媒評論說，目前在十九屆政治局常委中，67 歲的栗戰書、63 歲的韓正做一屆就要退休；李克強（1955 年 7 月生）、汪洋（1955 年 3 月生）、王滬寧（1955 年 10 月生）三位現年 62 歲，中紀委書記趙樂際（1957 年 3 月生）60 歲，他們五年後的二十大可以留任，但只能再做一屆，較難樹立絕對威望。

至於其餘政治局委員，理論上也有機會一步到位，在二十大接替習近平的總書記位置，不過他們也大多是老齡組。楊潔篪、楊曉渡、孫春蘭、劉鶴、王晨，以及兩位軍委副主席許其亮、張

又俠（一般軍方代表不會升總書記），都是年齡比較大、本屆任期結束就退休。

剩下的，目前中宣部長黃坤明（1956 年 11 月生）61 歲，新疆黨委書記陳全國（1955 年 11 月生）62 歲，北京市委書記蔡奇（1955 年 12 月生）61 歲，廣東省委書記李希（1956 年 10 月生）61 歲，天津市委書記李鴻忠（1956 年 8 月生）61 歲，上海市委書記李強（1959 年 7 月生）58 歲，五年後的二十大有機會入常委，但只再做一屆。

因此隱隱約約可看到的（來自政治局委員）接班人選，是在二十大時（2022 年）時，還可以再做兩屆的重慶市委書記陳敏爾（1960 年 9 月生，現 57 歲）、中央辦公廳主任丁薛祥（1962 年 9 月生，現 55 歲）、胡春華（1963 年 4 月生，現 54 歲）三人之一。但下一屆他們從政治局跳過政治局常委，而直接接班總書記，這種可能性很少。

因此總體來看，十九大當選者沒人合適做接班人。

不過很多媒體認為，不安排「接班人」入常，是習近平自己主動不要的，以便自己在五年後的中共二十大上打破慣例尋求再次連任；習近平或修憲，設立黨主席、或總統制度，然後再次連任。

對於習近平的進一步集權，彭博社援引多名專家的話說，這可能並不一定是壞事：「習近平鞏固權力，在某種程度上對經濟是正面消息。」「預計在習近平的第二任期，經濟改革步伐將更大膽、更大步。」

樹立個人權威　習親自面試常委

據大陸媒體披露，從 2016 年 2 月起中共政治局常委會決定成立所謂「十九大幹部考察領導小組」，由習近平親自擔任組長。從 4 月下旬至 6 月，習近平分別與 57 人進行「一對一」的談話，談話對象包括現任中共領導、中央軍委委員和所謂「黨內老同志」。

據悉，十九大的很多人事選拔是在習近平直接監督下進行的，涵蓋政治局常委、25 名政治局委員、中共軍隊最高決策機構成員、國務院主要成員、最高立法機構和人大。中共把這個新程式稱為所謂的「大革新」，其實都是為了樹立習近平的新權威。

除了習近平親自出馬，政治局常委會還安排人分別聽取了正省部級、軍隊和其他十八屆中央委員共 258 人的意見，中央軍委負責人也聽取了現任正戰區領導共 32 人的意見。

《石英雜誌》報導，習近平通過「一對一」的談話，讓自己對十九大人事布局有了最大的決定權和發言權。一些觀察家說，這是信號，進一步表明習近平已經成為自毛澤東以來權力最大的中共領袖，以前所謂的「集體領導」已經名存實亡。

政治局新規　委員每年向習述職

10 月 27 日，新一屆政治局召開首次會議，審議通過新規，提出了中央政治局全體成員每年向「黨中央和總書記」書面述職的新要求，有別以往的五大國家機關黨組（非個人）向政治局常委會報告工作的要求。

　　會議強調維護「習核心」，要求「加強和維護黨中央集中統一領導」首先是中央領導層的政治責任，要政治局「帶頭樹立政治意識、大局意識、核心意識、看齊意識」。會議還審議了關於《加強和維護黨中央集中統一領導的若干規定》（規定）。新規定要求政治局全體成員「主動將重大問題報請黨中央研究」、「忠誠老實」等。

　　新規定還要求，中央政治局全體成員「要堅持每年向黨中央和總書記書面述職」。對此，香港《明報》報導稱，以往是中共五大國家機關黨組向政治局常委會報告工作，今後述職者將具體到個人，且包括政治局委員、常委；同時述職對象也由常委會集體變成總書記個人，突出上下級關係。

　　新規還要求中央書記處和中紀委、人大常委會黨組、國務院黨組、全國政協黨組、最高法黨組、最高檢黨組每年向中央政治局常委會、中央政治局報告工作。

為何習必須為自己樹立新權威？

　　不難看出，十九大後習近平的這一系列動作，都是在所謂集體領導下強調集中統一到他這個核心上來，強調的都是他的個人權威。《新紀元》周刊總編輯臧山早在 2010 年 10 月 28 日出刊的第 195 期中的「鋒筆天下」中，分析了「中共需要危機」來樹立權威，以鞏固其專制體制。

　　文章說，人類社會近兩千多年以來，主要有兩種社會權力結構。一種是金字塔形的君王制，權力來源於家族世襲；第二種是扁平網結構的民主選舉，權力來源於選票。共產黨的專制體制，

和這兩種不同，社會權力雖然是金字塔結構，但權力的來源既非世襲（北韓例外）也不是選舉，而是產生於一個強勢利益集團之內。

通常，人們把這種權力結構稱為威權體制，這種說法非常恰當的表達了這種體制的基礎，就是需要一個絕對的權威人物立於金字塔的頂端。但問題在於，權威並非憑空而來的，它必須是在危機和解決危機中產生。以中共的體制為例，毛澤東的權威是戰爭中形成的，鄧小平的權威，則是戰爭（他本人也是軍事將領）加後來推動所謂的改革開放政策。如果沒有中共七十年代「社會經濟陷於崩潰邊緣」也就沒有所謂的鄧小平權威。

共產黨的專制體制，是一種半軍事化的制度，利於社會動員而不利於社會發展，善於面對危機而不善於解決平衡穩定。這個特徵決定了共產黨的天下，需要連續不斷的危機，進而進行社會動員，產生新的權威以便控制金字塔頂端。因此，共產體制如果繼續維持專制，則總有一代不如一代的效應。鄧權威不如毛，江權威不如鄧，而胡的權威更是處於可有可無的狀態。反映在體制上，中國社會運行的效率，同樣是江河日下。故當今中國有「政令不出中南海」的說法。

文章說，毛澤東提出「無產階級專政下繼續革命理論」。繼續革命，按照毛的說法，是要「七八年來一次」文化大革命這樣的運動。中國大陸，很多中共理論家批評毛澤東，認為這種運動是胡折騰瞎搞亂，殊不知其實七八年來一次對專制體制是一個非常重要的內容。

對於中共來說，有效管治需要絕對權威，絕對權威需要管治危機，遂成為一個惡性循環。目前而言，中共需要一個席捲整個

社會的危機。

二十大習要廢鄧小平的集體領導

中共的集體領導模式，是鄧小平和一班老人「文革」後復出時提出的，目的就是吸取「文革」及之前的教訓，毛澤東搞的那套個人獨裁，想打到誰就打到誰，其他黨員根本沒有招架之力，於是鄧小平提出了集體領導，不過，他後來雖然只是一個普通黨員，既不是中央委員，也不是政治局委員或政治局常委，但他卻擔任了軍委副主席，牢牢掌握著軍權，這使他成為「隱形」的中共最高權威者。

無論鄧小平扶持上來的胡耀邦、趙紫陽，是希望能夠延續集體領導體制，避免「文革」，但他們沒想到的是，九龍治水的混亂局面，令後來執政者無能為力，散沙一盤。

在中國，鄧小平作為最後一個強人，死後中共搞集體領導，運行了 20 年，體制也失效了。諸侯力量和既得利益力量都各自為政，體制缺乏彈性，政令不出中南海。若遇大事，一定垮臺。

過去由於所謂「九龍治水的集體領導」，江派暗中抵制新政權的作為，使政令不出中南海已成中共官場的「頑疾」，為此習近平、李克強等曾多次放狠話，據悉李克強還為此多次「拍桌子」。在胡錦濤時期，由於江澤民的直接干政，把胡錦濤的權力全面架空，中南海「舉目所見，都是江的人馬」，胡、溫的政令更是不出中南海。

習近平上任後，江還想繼續當「太上皇」，但習經過強力反腐「打虎」，拿下長期替江把持公安、武警部隊的周永康，以及

長期替江把持軍權的徐才厚、郭伯雄，並拿下了江派上百名黨政軍中的「老虎」，才逐漸收回了權力。習近平當局曾多次公開表示「習核心」是通過「偉大鬥爭」才取得的。

這次十九大上，習近平不但沒有安排接班人，還把自己的思想放進了黨章。美國諮詢公司 Trivium China 共同創始人波克（Andrew Polk）告訴彭博社：「習近平時代被認為是中共歷史上的第三個時代，先前的是毛時代和鄧時代。目前來看，沒有理由認為這個時代將在 2022 年結束。」

由此看來，習近平很可能 2022 年的二十大改變鄧之後中共 30 多年的集體領導體制。

習近平的名字進入黨章可能減少了黨內退休慣例對他的束縛。密歇根大學來博沙・羅傑中國研究中心主任加拉格爾（Mary Gallagher）說，這些措辭暗示，經過中共高層背後激烈較量後，習近平被給予了更高的權威。

但是從另外一個角度來說，習近平的地位又超越了鄧小平。習近平和毛澤東是僅有的兩位在世時名字被寫入黨章的人。而鄧小平的名字是在他死後才被寫入黨章。這也給了習近平挑戰黨內接班人制度的資格。

前中央黨校理論研究室副主任杜光告訴彭博社：「在修改黨章和安插他（習近平）自己的人進入中央委員會之後，在未來五年以及更遠的將來，他可以做任何他想要做的事情。」

王滬寧起作用 新權威救不了中共

習近平要廢除集體領導，確立自己的權威，就需要理論上有

人給他鋪路，其實，早在八十年中期，中國出現各種思潮，其中新權威主義只是其中一個，而王滬寧是最早的倡導者。

《新紀元》周刊在第 483 期（2016 年 6 月 9 日出刊）的《王滬寧提新權威主義 為總統制鋪路》一文中講述了，被稱為「中南海首席智囊」的王滬寧昔日日記曝光，提新權威主義，外界解讀很多正是中南海決心要走的方向，為習近平的政治改革鋪路。

據自由亞洲電臺報導，高新曾在文章中透露，八十年代初期，年輕的王滬寧看見鄧小平在提出改革開放政策不久就表示了對新加坡模式的欣賞，隨即寫出一份內部報告，力陳「新權威」對中國改革的重要性。不少人都認為鄧小平受了王滬寧文章的影響，而王滬寧也非常清楚，鄧小平欣賞「新權威」完全是基於貶毛而揚鄧的目的。

不過趙紫陽不認同王滬寧的觀點，趙認為權威需要在解決危機的過程中建立，而非宣傳和任命。後來上海的蕭功秦和北京的吳稼祥等人，把本是王滬寧「專利」的「新權威」拔高到「主義」的層級之後，王滬寧立馬閃了，而這兩人成了新權威主義的南北代言人。

習近平一上臺，蕭功秦就認為習是能夠樹立新權威的最佳人選。他給出的定義是：「新權威主義，從政治學上說，就是指後發展國家中那種具有市場經濟現代化導向的、開明的威權政治或強人政治。」「新權威主義者就是鐵腕改革派。他既反對左的保守勢力，也反對右的西化自由派勢力，新權威主義主張在尊重現存秩序的歷史連續性的基礎上，用鐵腕進行漸進市場經濟改革，最終實現市場經濟現代化與向民主政治軟著陸。凡是符合這兩個條件的，就是新權威主義。」

如今王滬寧成為習近平在意識形態上的頭號代言人,他會如何在十九大後宣揚和落實「習核心」呢?這是人們日後關注的問題。

華府中國問題專家石藏山指出,新權威主義也面臨困境,新權威救不了中共,因為專制體制除了一個絕對的最高權威之外,它的有效運作還需要其他條件,比如說封閉性。有人把專制體制比喻為現代機械中的液壓系統,只有在封閉的條件下,一個個人意志才能夠成功推動整個體制的高效運作,而現代民主社會,則是開放型的體制。因此,專制和開放必然是衝突的。

由於全球化的開放要求,經濟、技術、意識形態、貿易都必須開放。中國參與全球化進程已經無法逆轉,因此,中共的新權威面臨巨大挑戰。

世界上沒有一個集體領導的專制體制能持續,也沒有一個開放的個人維權專制能夠存活,因此石藏山認為,最後中共只有兩條路:一是改變體制,放棄中共;二是搞全面封閉,最後導致再一次經濟和社會崩潰。

習近平 2022 年不下野就必須改制

政論家胡平認為,如果習近平打算在五年後繼續執掌最高權力,他有兩種選擇。其一是學鄧小平,垂簾聽政,另一種選擇是改制。把總書記改為黨主席,把國家主席改為總統。如果在二十大和其後的全國人大上成功改制,習近平就可以在新的頭銜下繼續其最高權力。

2006 年 6 月,中共中央辦公廳發布了《黨政領導幹部職務任

期暫行規定》，其中第六條明文規定：「黨政領導幹部在同一職位上連續任職達到兩個任期，不再推薦、提名或者任命擔任同一職務。」也就是說，五年後，習近平不但必須辭去國家主席，而且也必須辭去總書記和軍委主席。

鄧小平權力的特點是，他的實際權力遠遠超過其名義權力，而習近平是通過獲得名義權力，才獲得實際權力，因此習是很難像鄧那樣無名而掌權的，那習的另一種選擇就是改制。把總書記改為黨主席，把國家主席改為總統。

然而，無論是學鄧小平垂簾聽政還是改制，習近平都不可能一帆風順。因為獨裁權力不僅是建立在對國民的壓制，而且也是建立在對其黨內同僚的壓制之上的，黨內清洗勢必還要進行，而黨內種種反對勢力也勢必抵制抗衡，激烈的黨內權力鬥爭還將繼續進行。

《新紀元》在 2016 年 10 月出版的 048：《習近平的總統制》，提前分析了習的處境和出路，這也許是唯一可行之路。

學者：中國終將探索民主之路

中國知名旅法學者、法國賽爾奇・蓬多瓦茲大學教授張倫，在其新書《失去方向的中國》新書發布會上，談及中共十九大權力重組後，中國未來可能的演變趨勢。

他認為，中共長期以來對內嚴格箝制人民思想自由，以經濟限制中國人民，用生活控制百姓，甚至利用科技來監控中國人，但這股壓力隨時都可能爆發，就算伴隨社會的動盪，中國遲早會主動去探索民主之路。

　　張倫說，一個國家的未來，取決於政府在關鍵時刻做了什麼決定。當年臺灣前總統蔣經國打算開啟臺灣民主憲政之門時，國民黨有人擔心會失去政權，但蔣回應說「世上沒有永遠的執政黨」，因此結束了國民黨長期「一黨專政」的局面。

　　他認為，如果當初蔣經國走向壓迫人民的路線，或許就不會有自由、民主的臺灣，蔣擁有承擔歷史的勇氣。現在的中國需要改革，要落實《憲法》賦予人民的權利，而不是將權力集中在「中共」的手中。

　　「中共老用阿拉伯之春、顏色革命後那些國家的亂象來嚇唬老百姓，這是錯誤邏輯。」張倫說，那些問題都是在轉型之前埋下的禍根，從醫學角度上講，不能用膿冒出之後的狀態，來反證原先膿沒冒出來時的情況是好的。中國要好，應盡可能做一些漸進式、更深刻的改革，而下一步改革的唯一標準，就是「公民權利的增量」。

　　張倫表示，中國最高領導人習近平要留下什麼遺產，取決於他怎麼做，當初埃及前總統穆巴拉克（Hosni Mubarak）在人民上街後才提出改革措施，「那些措施只要一個月前提，社會就不會那麼亂了。」「但人類有時候很愚蠢，不見棺材不掉淚，除非有些有前瞻性、大智慧的執政者，但這種人可遇不可求。」

　　他強調：「一個重要的人物、執政者，必須要擔當在關鍵的歷史時刻時，做出對的決定！」

第二節

貴州三高官晉升國級
神祕預言正在應驗？

貴州除了成為政治高地外，2.7 億年歷史「藏字石」的出現還賦予貴州特別敏感的政治意味。圖為貴州平塘縣掌布鄉「藏字石」景區門票。（大紀元資料室）

　　栗戰書、陳敏爾、趙克志這三名躋身正國級、副國級的高官曾是連續三屆貴州省委書記。敏感時刻，「亡黨石」發源地貴州省成為政壇高地，習近平、胡錦濤憑藉貴州省展示政治聯盟；貴州三任省委書記同步晉升；這些難道僅僅是偶然嗎？

　　中共十九大上，習近平的大內總管栗戰書入常，排名第三。重慶市委書記陳敏爾進入政治局。十九大結束後第三天，2017 年 10 月 28 日，趙克志卸任河北省委書記，另有任用。

　　栗戰書料將接任人大委員長，並分管港澳事務；陳敏爾一度是入常熱門人選，並被認為是習近平的接班人；趙克志將上調中央，有消息稱將接任公安部長、政法委副書記、國務委員。

值得關注的是，這三名躋身正國級、副國級的高官曾是連續三屆貴州省委書記。

貴州被認為是前國家主席胡錦濤的政治地盤。1985年到1988年，胡錦濤曾任中共貴州省委書記。2014年4月份，退休後的胡錦濤曾高調到訪貴州。

中共十八大前夕，貴州省委書記栗戰書調任中辦主任，成為習近平的「大內總管」，被視為是習近平的左膀右臂，大力清洗中辦令計劃的勢力。

隨後，貴州省長趙克志接替栗戰書接任貴州省委書記。2015年7月31日，周永康馬仔周本順落馬後，趙克志被調往河北任省委書記，替習近平掌管京畿重地。趙克志履新後持續清洗河北官場江派勢力。

陳敏爾是習近平的浙江親信舊部，2012年2月由浙江常務副省長調任貴州副書記，隨後出任貴州省長，2015年7月31日，接替趙克志出任貴州省委書記。十九大前夕，政治局委員孫政才落馬，陳敏爾調任重慶市委書記，清洗孫政才、薄熙來遺毒，重慶官場震盪不已。

栗戰書、陳敏爾、趙克志三人都是習陣營中對陣江澤民集團的得力幹將，十九大上都晉升敏感、關鍵職位，在未來的習江博弈及政局發展中，無疑還將扮演重要角色。

2017年4月，習近平在貴州省以全票當選十九大代表。而上兩屆習近平是在上海選區當選代表。上海幫與江澤民家族被密集圍剿之際，習近平的十九大代表選區由上海變更為貴州，不僅釋放與江澤民上海幫作出切割信號，也再度展示習近平與胡錦濤的政治聯盟。

「藏字石」賦予貴州特殊政治意味

貴州除了成為政治高地外，「藏字石」的出現還賦予貴州特別敏感的政治意味。

2002 年 6 月，貴州省平塘縣掌布鄉發現被視為世界地質奇觀的「藏字石」，「中國共產黨亡」六個橫排大字浮雕般突出於石面。據中國著名地質學家們實地考察，該「藏字石」上的字位於，距今 2.7 億年左右的二疊統棲霞組深灰色岩中，沒有人工雕鑿及其他人為加工痕跡。

貴州「藏字石」被認為是上天的示警：中國共產黨即將覆滅，中國人退出中共保平安。

當時中共中央政治局的幾個常委都去看過貴州的「藏字石」，對此都心知肚明。

2006 年 4 月底，掌布鄉風景區成了國家地質公園，景區門票上醒目地印著貴州「藏字石」圖案，之後，「藏字石」景區成為貴州重要旅遊勝地，但官方及導遊只宣傳介紹「藏字石」的前五個字。

胡錦濤、習近平都多次到貴州考察，栗戰書、趙克志、陳敏爾先後主政貴州，當對「藏字石」真相了然於胸。

隨著十九大高層人事重洗牌，江澤民集團大勢已去。國際上，以美國總統川普政府為首的國際社會正在形成圍堵中共政權的態勢。國內，已有超過 2 億 8700 萬中國人退出中共黨、團、隊組織。

敏感時刻，「亡黨石」發源地貴州省成為政壇高地，習近平、胡錦濤憑藉貴州省展示政治聯盟；貴州三任省委書記同步晉升；這些難道僅僅是偶然嗎？

所謂順天者昌，逆天者亡。天機已顯，中共亡黨已成必然趨

勢。中國政局未來走向到了關鍵時刻，端看世人如何選擇。

第三節

波蘭清除共產雕像
補償被共產黨霸占財產

1989 年 11 月 17 日，波蘭移除位於華沙市街的蘇維埃祕密警察及 KGB 創立人 Felix Dzerzhinsky 的雕像。（AFP）

從 2017 年 10 月 21 日開始，波蘭新修訂的《去共產主義法》生效。這項法律要求波蘭地方政府在一年內清除共產主義在全國公共場所的各種標誌和痕跡。10 月中旬波蘭還立法規定，部分歸還被納粹和共產黨掠奪的人民財產。

波蘭 2016 年 5 月開始實施《去共產主義法》，禁止宣傳共產主義和其他專制極權制度。

全國清除共產極權標誌和信息

美國之音報導，波蘭政府將在 12 個月內，全部推倒和清除全國各地公共場所象徵共產主義和極權專制的塑像、半身像、紀念碑、紀念柱、路堤、銘文題字、浮雕以及其他各種標誌等。

此外，這項法律要求去掉帶有共產主義和其他專制極權制度色彩的命名或是地名。這意味著波蘭全國各地要重新審查廣場、街道、道路、橋梁等的命名，如果帶有共產主義色彩，就要清除。

共產黨篡改歷史 東歐國家重釋真相

納粹德國在二戰被打敗後，東歐國家被共產主義奴役和占領。

共產黨竄改這些國家的歷史、扭曲事實、把自己偽裝稱「解放者」。現在東歐國家除了加緊清除共產主義因素外，也越來越重視對歷史的重新解釋，還原歷史真相，揭露共產黨的真實面目。

比如，立陶宛北部一個城市的市政府在當地蘇聯紅軍墓地的塑像旁特別豎立了一塊說明牌。蘇聯紅軍塑像上的碑文說，在 1941 到 1945 年陣亡的蘇聯紅軍是立陶宛的解放者。而這塊說明牌解釋，碑文的內容不符合歷史事實和歷史真相。

波蘭政府最近決定，擴大正在興建的波蘭歷史博物館面積，並為建設工程追加巨額撥款。

波蘭立法 部分賠償人民財產

二戰期間，波蘭人民和當時在波蘭的 330 多萬猶太人的無數

財產被納粹軍奪取，之後又被共產黨進行了所謂的「國有化」。

10 月中旬波蘭副司法部長派翠克・賈奇（Patryk Jaki）公布了國家立法，即部分歸還這些被搶奪的財產，在此之前這些賠償是由法院來判決和處理的。按照新的法律，國家將會用現金的形式，最多補償當年私人財產價值的 20%。

賈奇在華沙舉行的新聞發布會上說：「在共產主義垮台 28 年之後，波蘭才制定了這樣的法案，對此我感到羞愧，這本應該是早就實行的。」

波蘭的這項立法受到該國人民和猶太團體的歡迎。據歸還專家估計，大屠殺之後，在波蘭的猶太人和機構就失去了十多億美元的財產。

第四節

習回收刀把子
政法委十九大後看衰

2017 年 11 月 4 日，習近平的親信趙克志被任命為公安部長，頂走江派公安部長郭聲琨的人事安排，引發外界關注。（Getty Images）

中共十九大結束後，高層人事開始新一輪調整。

2017 年 10 月 31 日，中共公安部黨委（擴大）會議召開，新晉黨委書記趙克志主持會議並講話。趙克志稱，「堅決維護軍委主席負責制，以習核心的中央保持高度一致。」11 月 4 日，中共人大常委會任命趙克志為公安部長。習近平當局以親信趙克志頂走江派公安部長郭聲琨的人事安排，引發外界關注。

10 月 31 日，郭聲琨首次以中共政法委書記身分主持召開政法委全體會議，趙克志出席會議，排名在中共最高法院長周強、最高檢院長曹建明之後第三位，在政法委祕書長汪永清之前，汪永清之後是國安部長陳文清、司法部長張軍。

現年 64 歲的趙克志已快到 65 歲正部級退休年齡，沒有退居

二線反而晉升公安部長，掌管中共的「刀把子」這一實權機構。據《蘋果日報》分析，趙克志接掌公安部，顯示這個曾經的周永康陣地，已經落入習近平手中。

習收回武警控制權 分化管理

10月31日，中共全國人大常委會審議《關於中共武警部隊改革期間暫時調整適用相關法律規定的決定（草案）》。武警部隊司令王寧就草案做出說明，稱武警部隊領導指揮體制和力量結構均將進行調整改革，重點在於強化中央和中央軍委對武警部隊的集中統一領導，地方政府不再擁有對武警部隊兵力指揮、調動權力；並以「軍是軍、警是警、民是民」原則，拆分武警部隊指揮管理體制和部隊編成等。

這是中共十九大後，習近平對「刀把子」率先做出的調整，原因也很明顯：百萬編制的中共武警部隊被稱為中共軍隊之外的「第二武裝」。在江澤民任內，武警部隊成了「江澤民的私家軍」，武警也成為迫害中國民眾的主要暴力武裝。

2007年起，胡錦濤執政期間，武警部隊一直控制在時任政法委書記、政治局常委周永康手中。江派黨羽遍布公安、武警、政法系統。

武警部隊過去接受各省市政法委及公安部門管理，出現大量問題，甚至被周永康、薄熙來利用參與政變。2012年北京發生未遂「3·19政變」，周永康動用的就是武警。

習近平上任後，不斷清洗中共武警部隊。2014年底「紅二代」王寧被任命為武警司令，與周永康關係密切的原司令王建平被調

離；2016 年 1 月，「紅二代」秦天出任武警參謀長。據悉，秦天的父親、原國防部長秦基偉與江澤民不睦；5 月，第 14 集團軍長王兵調任武警部隊副司令。2017 年初，非武警出身的朱生嶺、楊光躍分別出任武警部隊政委、副司令。

2016 年至 2017 年，大陸過半省份武警總隊主官大換血。據陸媒披露，武警反腐形勢最為嚴峻，前司令王建平、副司令牛志忠及十多名武警高級將領先後被查。

中共武警部隊分三大類：國內保衛部隊、專業警種部隊（黃金、森林、水電、交通）、公安部管理指揮的現役部隊。公安現役部隊又分為三類：武警邊防、武警消防、武警警衛。

據分析，專業警種部隊未來將撥歸國務院直接管轄；邊防部隊將併入軍隊；消防部隊或歸民政部管理，警衛部隊應隸屬公安部。調整後武警各機關將被降級，為的是消除武裝力量失控的政治隱患。

公安率先換血 公檢法肅清「餘毒」

10 月 31 日中共公安部黨委（擴大）會議上，趙克志強調公安部要把政治建設擺在首位，要堅持政治建警，遵守「政治紀律和政治規矩，堅決肅清周永康流毒影響」。

11 月 2 日，趙克志主持公安部黨委理論中心組學習（擴大）會時又再次強調，公安部要嚴守「政治紀律和政治規矩」，「堅決肅清周永康流毒影響，確保絕對忠誠、絕對純潔、絕對可靠」。黃明、王小洪、孟宏偉、侍俊、李偉、鄧衛平、孟慶豐、劉躍進、孫力軍出席會議，但常務副部長傅政華缺席，引來外界揣測其是

否有職位異動。

在出任公安部長前，趙克志三天兩提「堅決肅清周永康流毒影響」，說明周永康在公安部仍有殘餘勢力；趙要求公安部「絕對忠誠、絕對可靠」，說明公安部此前不「忠誠、可靠」。

《蘋果日報》報導說，中共公安部有四名中央委員，是國務院最多中委的部委，除趙克志外，還有副部長傅政華、黃明及王小洪。前「610」主任傅政華是周永康的親信。作為中共政治迫害的職業打手，從鎮壓法輪功起家，後又成為全國維權人士最凶殘的對頭。近年來，傅政華頻傳處境不妙的消息。

趙克志被指是胡錦濤、習近平人馬，先後得到胡、習重用。趙 2010 年任貴州省長，與時任貴州省委書記、現排名第三的政治局常委栗戰書是搭檔。

2012 年 7 月，栗戰書上調北京出任中辦主任，趙克志接任貴州省委書記，2015 年又接替落馬的周本順任河北省委書記，為習掌管京畿重地及北戴河會議所在地的河北省。

公檢法系統是中共統治中國大陸最倚仗也是最黑暗的系統。公安更是直接鎮壓大眾的最直接工具。江澤民集團曾長期掌握公、檢、法、司和武警部隊。中共前常委、政法委書記周永康的實際權力一度超過胡錦濤和溫家寶，形成由江、曾暗中操控的「第二權力中央」。前任政法委書記羅干、周永康、孟建柱，前任公安部長賈春旺、周永康、孟建柱、郭聲琨都是江派人馬。

中共 18 後，習近平對江派掌控的公、檢、法系統進行了大清洗。前公安部副部長、「610」辦公室主任李東生，政法委書記周永康，天津市公安局長武長順，河北省政法委書記張越等相繼落馬。十九大前夕又拿下策劃「709 案」的主要嫌疑人、司法

部長吳愛英。

據中共官媒 2016 年 9 月報導，自 2014 年 7 月以來，已有三萬多名公檢法官員被開除或被責令自動離職。

2017 年 7 月 31 日，曾備受周永康重用的公安部前常務副部長楊煥寧被立案審查。據報，周永康落馬前，楊煥寧曾多次被約談，楊的妻子、司機和祕書也相繼接受詢問。

港媒披露，習近平浙江舊部、上海市長應勇可能出任最高法院長，接替周強；江派最高檢院長曹建明的職務，將被政法委祕書長汪永清取代。

據希望之聲報導，輿論注意到，上海東方電視臺 10 月 18 日報導十九大上海代表團討論習近平工作報告時，曾出現一項異常。當時周強在上海代表團露面，坐在市委書記韓正左手，市長應勇坐在韓正右手。這一坐位排列符合三人的排名——周強級別僅次於韓正，應勇再次。

但東方臺鏡頭顯示，韓正講完話後先是應勇，其後才是周強和其他人發言。更值得注意的是，十多分鐘的報導中，韓正占了五分多鐘，應勇占了近五分鐘，周強和其他人各只有幾秒鐘，感覺就是一帶而過。因此有猜測，周強十九大後的命運值得關注。

中共公、檢、法部門也是跟隨江澤民集團迫害法輪功最嚴重、最殘酷的部門，這些部門的大多官員都被列入海外「追查迫害法輪功國際組織」的追查名單。

習再推「依法治國」 政法委不妙

2017 年 6 月 2 日，隨著中共吉林省委常委、統戰部長姜治瑩

接替金振吉出任吉林政法委書記，31 省政法委書記，沒到十九大已被習近平當局全部換完。金振吉成為前朝最後一名下課者。

習近平上臺後，對江派大員羅干和周永康把持逾十年的中共政法系統進行大清洗。期間先後拿下周永康、周本順、李東生、張越、朱明國、吳天君、蘇宏章、武長順等中央和地方的政法高官。

10 月 18 日十九大期間，黨媒新華視點微博披露：習近平說，成立中央全面依法治國領導小組，加強對法治中國建設的統一領導。

對此，大陸知名法學家、律師張贊寧認為，「依法治國」的阻力主要來自於政法委系統。習近平在十八大後強調依法治國，但邁進的步伐還是很小，受到的阻力非常大。

評論員李林一說，郭聲琨接替孟建柱出任中共政法委書記，可能出於各方妥協的結果，但習近平在十九大上要成立「依法治國小組」，應該是對此做出的應對方案。現在的政治局委員每年要向習近平匯報工作，如果習近平再兼任「依法治國小組」組長，同時習的人馬出任公安部長、最高法院長等，身處中間的郭聲琨不得不就範。

評論員周曉輝認為，習近平上臺後提出「依法治國」，並針對公安、政法系統進行了清剿，弱化政法委書記地位，拿下周永康、李東生等高官，但盤踞在公安、政法系統多年的周永康馬仔以及慣性思維的各級警察，所為仍與「依法治國」背道而馳，引起巨大社會反響的惡性案子層出不窮，最為典型的是 2016 年的雷洋案和 2017 年的四川趙鑫案、山東辱母案。此外，這幾年公安部還督辦了不少迫害人權的案件，如 2013 年良心企業家王功

權被刑拘、2014 年律師許志永被判刑、2014 年為法輪功學員辯護的律師的「建三江案」、2015 年廣州維權人士郭飛雄被判刑 6 年以及天津「709 律師案」等。

周曉輝說，時任公安部長郭聲琨罪責難逃。身為江派成員，表面上喊著與習中央「保持高度一致」，但實際上卻利用公安部與習近平暗唱反調。2015 年維權律師和維權人士被大規模抓捕時，正值習近平即將訪美之際，其所引發的國際社會譴責，讓習訪美時頗為尷尬。

北京學者郭旭表示：「十八大多次呼籲、高喊依法治國，但是根本推不動。所以這個依法治國的領導小組的成立，意味著十九大過後，會加大力度去整頓政法系統。」

習近平成立「依法治國小組」，令外界猜測他仍未完全收歸權力，特別是政法系統的權力。希望之聲評論說：五年來，習近平就是通過不斷兼任小組「一把手」，一步步收回權力、建立核心地位。這與公檢法系統江派首腦仍未落馬有關，也因為習近平本人做「儲君」時未能建立足夠人馬，以致今天陷入人手不夠的困境。

自 2015 年起，習近平開始公開反復提出「依法治國」，督促中共最高法實施「有案必立，有訴必應」的登記制度，並準備推出司法體制改革。

因應這一趨勢，海內外掀起一股實名起訴江澤民及朋黨迫害法輪功的浪潮，為法輪功學員做無罪辯護的律師也越來越多。然而，中共公檢法系統高官幾乎全部參與了迫害，面對這一局面則擔心被清算，於是這一年便發生了震驚海內外、上百名律師及人權活動人士被捕的「709 案」。

　　有分析認為，「709 案」既是對訴江潮的干擾，也是為了遏阻習近平反腐及司法體制改革，背後的主要推手均為江澤民派系核心，包括周強、曹建明、吳愛英、郭聲琨等人。

　　多重信號顯示，習近平的司法改革並不順利。中共前政法委書記孟建柱也曾在 2017 年 3 月底的一次會議上承認改革在中共高層遇阻，「導致難以落實」。

　　美國哥倫比亞大學政治學博士李天笑曾表示，「20 萬民眾在兩高訴訟江澤民，卻一直沒有立案。這個關鍵在於中共最高法、最高檢的主要官員周強和曹建明都是江派人物，在某種程度上拚命阻礙這些事情。這方面要取得民心，兩高的 20 萬訴狀確實不能拖著不辦，否則怎麼兌現依法治國呢？那麼必然要把司法界江派殘餘人物清理掉，十九大就是一個機會。」

　　評論員陳思敏分析：孟建柱在十八大是以政治局委員身分接任政法委書記，這是習近平上臺後首先打破政治局常委兼任政法委書記此一長達十年的慣例。

　　中央政法委書記由政治局常委兼任這個慣例，由 2002 年十六大之後的政法委書記羅幹，延續到 2007 年十七大的周永康，被認為是主導者江澤民需要政法系統後繼有人、貫徹執行對法輪功的迫害政策，而最終演變成對全民的「維穩」大怪獸、冤案製造機。

　　周永康任公安部長時，就開啟了一個以迫害法輪功為相同目的的人事慣例即：2003 年以來，各級政法委書記兼公安廳局長的模式，因此衍生出一個個無法無天的地方「政法王」。

　　習近平十八大上臺後開始削藩。至 2015 年 6 月，全國 31 省級政法委書記均不再兼任公安廳長。至 2017 年 6 月，全國政

法委書記全部更新。2016 年 12 月，再有非正式的消息稱，地方機構改革將開始，相關方案已經出臺，地方政法委將在 2017 年取消。

有消息指，當年趙紫陽已打算取消政法委，後來因發生「六四」，政法委非但沒取消，反而在江時期坐大成為第二權力中央，令中國法制大步倒退。

十九大接班人缺位之謎

第十三章

歷史預言與現實選擇

中華民族到了一個轉折的關頭。中共百年的蹂躪、羞辱和毀壞，讓中華民族處於深深的危機中。習近平以其現在的特殊位置，如能順天而行，拋棄中共，挽救民族危機，將可名垂青史。

中華民族在拋棄中共之後，必將迎來真正的復興和中華盛世。
（Fotolia）

第一節

《推背圖》預言中的習近平和高智晟

根據前人已經破譯的《推背圖》預言與當今時代的對應關係，中國正在經歷最重大事情。習近平和高智晟各有其歷史使命。（大紀元資料室）

　　根據《推背圖》的預言，習近平和高智晟，這兩個陝西人，一個以體制內第一人的身分，一個以民間第一人的身分，將各自履行自己的歷史使命——未來中國過渡政府（或臨時政府）的大總統，以及中國進入民主化時代的民選大總統。

　　依據本文作者惠虎宇的破譯，按照《推背圖》的預言，習近平和高智晟分別是在沒有共產黨的新時代，未來中國前後兩屆政府的領導人，其中習近平是未來中國過渡政府（或臨時政府）的大總統，而高智晟則是在習近平之後、中國進入民主化時代的民選大總統。《推背圖》在最後十象中，各有兩象分別提到了高智晟和習近平。

　　《推背圖》是由「卦、圖、讖、頌」四個部分組成，「卦、

圖、讖、頌」在推背圖中都各有含義，四個部分往往是相互補充、相互印證的、來共同說明預言中的一件大事情的來龍去脈。而前面的序號是由天干地支來排序的，這個天干地支的序號沒有特別意義，就是從第 1 排到第 60。因此，作者以下的歸序中，將天干地支的序號暫且隱去不用。眾所周知，《推背圖》後面 20 幾象的順序是被歷代統治者故意打亂的。

第 53 象：坎下乾上訟

讖曰：

偃武修文，紫薇星明。

匹夫有責，一言為君。

頌曰：

無王無帝定乾坤，

來自田間第一人。

好把舊書多讀到，

義言一出見英明。

這一象在作者的破譯中，被排列為第 53 象，而此前的兩象，51 象和 52 象，分別講的是江澤民迫害法輪功，以及法輪功在反迫害中洪傳全球的這段歷史，這兩象將在另一篇文章中詳細講解。這裡先簡單提一下，以交代高智晟出現的時代背景。

　　這個第 53 象最早是由高峰揭示的，刊登在 2006 年 10 月 7 日的《大紀元》《推背圖裡的高智晟》一文（見 http://www. epochtimes.com/gb/6/10/7/n1479078.htm）。

　　「偃武修文」，是指這個人參過軍，後來棄武從文，高智晟當過兵，退役後自學法律，成為中國著名律師。紫薇星明，是指帝王之星已經升起，暗示這位偃武修文的人將會成為中國未來的領導人。

　　「匹夫有責，一言為君。」是指高智晟替天行道，履行了一個律師應有的維護法律和正義的責任，多次為受到權力打壓的底層民眾代言，特別是在法輪功遭受迫害的過程中，高智晟更是勇敢的向中共最高當局致公開信，要求結束對法輪功的殘酷迫害，這一正義行動驚天動地，使他成為中國在新時代合適的總統人選。

　　「無王無帝定乾坤，來自田間第一人。」是指高智晟出身平民，沒有任何權力背景，但是他將會承擔起治國平天下的重任。高智晟是當今國際和國內公認的、來自中國民間抵制中共侵犯人權、堅決維護中國民眾所應享有的憲法和法律權利的第一人。

　　「好把舊書多讀到，義言一出見英明。」是指高智晟讀了很多具有傳統價值觀的書籍，繼承了中華士階層秉筆直言、為民請命、履行道義的精神傳統，特別是在為結束迫害法輪功的錯誤政策而對中共當局發表公開信的過程中，更是將這一精神體現得淋漓盡致。中共建政後，發明了兩個名詞，「新社會」和「舊社會」，所以，這裡的「舊書」，是指中國傳統的書籍，也代指內涵中國傳統價值觀的書籍。

　　這一象的卦名為「訟」，正符合高智晟的律師身分。也表明

了中共迫害法輪功在中國是違法的，遭遇到了來自律師界的強大反對。

第 56 象：坎下巽上渙

讖曰：

黯黯陰霾，殺不用刀。

萬人不死，一人難逃。

頌曰：

有一軍人身帶弓，

只言我是白頭翁。

東邊門裡伏金劍，

勇士後門入帝宮。

以上這一象，在作者的最新排序中、位列第 56 象，這一象中講的是習近平抓捕江澤民這一即將發生的重大事件。

「黯黯陰霾，殺不用刀。」是指中國在這個時代，在中共統治下，環境遭到巨大破壞，全國到處出現了陰霾，在北京尤其嚴重，以致每當重大國際會議期間，中共當局都要動用全部力量，來營造一個「人工」藍天出來。同時，陰霾導致的肺癌成為中國死亡病例最多的癌種。

　　「萬人不死，一人難逃。」是指抓捕江澤民時，將不會引發社會震動，不會出現政變和流血衝突，一切將水到渠成，會是一場非常順利的抓捕。

　　「有一軍人身帶弓，只言我是白頭翁。」這句話中包含了習近平名字的全部，軍人是指一位掌握軍權的人，習近平的頭銜中有一個是職務是軍委主席，是中國當今的最高軍事統帥。身帶弓，表面是描述這個軍人帶著武器，其實暗含著習近平的名字。弓是一種彎曲的形狀，但是這種彎曲的程度又不是特別彎曲的那種程度，而是與「平直狀態比較接近」的狀態，也就暗含著「近平」（接近平直）的意思。比如當人們睡覺時，身體微微彎曲就像一張弓時，其實就是身體在接近平直的狀態了，所以「身帶弓」，是「近平」的意思。白頭翁正如之前一些作者解釋的那樣，「白」字的上面放一個「翁」字，就出現一個「習」字。所以，這句話中包涵了習近平的完整名字。

　　「東邊門裡伏金劍，勇士後門入帝宮。」「帝宮」在這裡、交代了被抓捕的對象是國家元首級別的人物，在當今的中國，用武力的方式去抓捕一名國家元首或者前國家元首，也只有江澤民才可能遭此命運。至於說「金劍」也許只是個形容詞，也許在未來抓捕江澤民時、行動指揮官的名字中帶有相關的含義，或許是指這件事件將發生在某年的秋天，也或許抓捕江澤民的行動被命名為「金劍行動」，等等。這只有在事情發生後，才能看得更為清楚。

　　在這一象的「圖」中，一個人雙手緊握。仔細觀察，其實這個人是在做拉弓射箭的姿勢，這個人右手執弓，左手在拉弦，擺出了明顯的拉弓欲射的動作。習近平在反腐打虎中，有一句很著

名的話為外界所熟知，叫做「開弓沒有回頭箭」。意思是打虎會一直打下去，直到打到最後的終極大老虎頭上。

這一象的卦名為「渙」，字面意思是渙散，就是一種事物在陽光下溶解、冰消瓦解的意思，這裡暗含著中共政權的崩潰。這件事情從邏輯上推測，應該在習近平抓捕江澤民之後發生。

在以上的「圖」中，還有一個有趣的現象，就是一般人是左手執弓，右手拉弦，而「圖」中的人恰恰相反，似乎這個人是個左撇子。聯想一下習近平在 2015 年二戰勝利 70 周年的北京大閱兵的典禮上，用左手敬禮的驚人舉動，這裡的趣象似乎也可以豁然得解了。或許，習近平是左撇子，或許習近平左手敬禮有特殊含義，無論是哪一種情況，都與這個「圖」中的左手動作暗暗相合。

還有一點需要指出的是，這一象在「圖」中有這個人拉弓的姿勢，在文字中有「身帶弓」的表述，但是「圖」中卻偏偏沒有出現任何「弓」的畫面。作者在這裡推測，《推背圖》的作者如此安排，可能正是為了不讓後人把「身帶弓」與具體的「弓」聯繫在一起，而是暗示後人從另外的角度去思考「身帶弓」的這個謎面。看來，為了讓後人破解出習近平的名字，作者可謂是煞費苦心。

在作者歸序的《推背圖》最後十象中，以上這個第 56 象之後的第 57 象也是和習近平有關的，在第 57 象中，《推背圖》的作者在「圖」中畫了一個人背著弓去拜見預言中所說的聖人。正因為在第 56 象中出現了「身帶弓」作為鋪墊，後人才可以循著這個線索，推知這個背著弓的人在第 57 象中正是暗指習近平。

從時事發展的趨勢也可以來推斷，第 57 象預言的是習近平

抓捕江澤民之後，結束對了法輪功的迫害，將法輪功創始人李洪志大師迎回中國。這一象作者將在第三篇文章中講解。因為要講清這第57象，還得和前面的第51、52象聯繫起來講。

這裡可以順便提一下，此時中共已被解體，習近平組建了中國臨時政府，成為臨時政府的總統，繼續統領中國的政權，一方面為未來中國實現真正的民選政府做過渡，另一方面，成立了專門法庭，開始清算中共對中國人民所犯下的罪行，特別是清算江澤民集團在迫害法輪功中所犯下的反人類罪。

下面作者繼續講第58象，高智晟順應天命，成為新時代的民選總統。擔負起治國平天下的重任。

第58象：乾下震上大壯

丙辰

讖曰

☰☳ 乾下震上大壯

關中天子　禮賢下士

順天休命　牛老有子

頌曰

一個孝子自西來　手握乾綱天下安

域中兩見旌旗美　前人不及後人才

讖曰：
關中天子，禮賢下士。
順天休命，半老有子。

頌曰：
一個孝子自西來，
手握乾綱天下安。
域中兩見旌旗美，
前人不及後人才。

這一象最早也是高峰先生破譯，參見上文的提示。

「關中天子，禮賢下士。」是指這位國家元首來自當今的陝西省，關中在地理上是指陝西的中部地區，《推背圖》在這裡以關中來代指今天的陝西省。「禮賢下士」，是指善待身分比自己低下的人。高智晟以善待底層民眾而著稱，在成為律師後，高智晟經常免費為底層民眾代理官司，以人間正理和強權抗爭，為底層民眾爭取應有的權利，成為當代中國底層民眾心目中最景仰的律師之一。

「順天休命，半老有子。」正如高峰所破譯的一樣，高智晟在遭受中共殘酷迫害中，雖然歷經九死一生的劫難，但是有神的保護，不會有生命危險，高智晟的生命將會按照神的安排，走完一生，這是「順天休命」的含義。「半老有子」，是指高智晟在40多歲時才有了一個兒子。

「一個孝子自西來，手握乾綱天下安。」高智晟首先是一個孝子，對父母非常孝敬，這一點毋庸置疑，但是這裡的孝子還有更大的含義，就是指高智晟對民眾的那種關愛。在當律師的過程中，正如上文所述，高智晟是真正的關心底層民眾，可以捨棄自己的一切利益，無懼中共權勢集團的打壓，盡自己的全部力量為民眾爭取權利，包括為受迫害的法輪功學員爭取權利，這需要對民眾有多麼大的愛才能做到啊！這正是一種以天下父母為自己父母的大善之心的體現，也是一種天地之間的大孝。這樣的人當國家領導人，自然也將是眾望所歸。「手握乾綱天下安」是指高智晟當選為民選大總統後，中國將實現大治。（如果要了解高智晟律師如何為底層民眾代理官司的諸多感人肺腑的故事，可以參閱博大出版社2006年出版的講述高智晟故事的書籍《神與我們共

同作戰》。）

「域中兩見旌旗美，前人不及後人才。」表面意思是國家換了兩次旗，這兩次換的旗幟都很美。實際指的是、中國在短時間內出現了兩次政權更替，這兩次政權更替都得到了民眾的支持（所謂旌旗美），而且第 2 次政權更替中，湧現出來的治國人才比第一次更多，也更有治國的能力。

根據預言所示，這兩次政權更替，第一次是指中共解體，習近平建立了中國臨時政府，第二次是指臨時政府完成歷史使命之後，中國實現了真正的民主選舉，各路治國精英走到前台來，組建了新政權，高智晟在這次選舉中成為未來中國的民選總統。

這一象的「圖」是三個人下面有一個禾苗，正是一個「秦」字，陝西的簡稱為「陝」或者「秦」，意思是指這位天子，將來自陝西。

這一象的卦名是「大壯」，也叫「雷天大壯」，雷行於天上，聲勢何等威猛，也意味著中國在這個時候開始重新崛起，逐漸會成為全球文明的中心。

習近平的歷史使命和必然選擇

最後，且分析一下習近平的歷史使命，以及完成歷史使命後習近平的必然選擇，來印證本文關於以上第 53 象、第 56 象和第 58 象的破解。

當習近平順利的抓捕了江澤民，解體了中共，結束了對法輪功的迫害，組建了中國過渡政府，將中國帶入民主轉型的新時代之後，習近平已經取得了前所未有的歷史成就，他的威望已經達

到了頂峰，他所做的這些事情已經在歷史上沒有人可以比擬了。

從民眾心理這個角度分析，習近平從中共時代已經享有了最高權力，又解體了中共，成為過渡政府總統，習近平已經擁有了一個個體在社會地位上所能擁有的一切，而且生活安定、家庭幸福，身邊有軍隊衛士護佑，安全無憂；而高智晟在這個過程中，卻以一介平民的身分，為了同樣一個目標（解體中共、實現社會正義、復興中華），卻受盡了中共黑幫、黑監獄的酷刑折磨，妻子兒女被迫逃離中國，骨肉分離，有家不能團聚，在中共解體之前，還一直承受著來自中共權力部門的迫害，被軟禁在陝北老家的鄉村裡，連看牙醫的權利都不能享有。彼時，估計多數民眾都在希望上天能給高智晟一個最好的回報，既然高智晟能在那時站出來參選總統，那麼選民一定會希望高智晟成為總統。

而且從治理國家的專業角度來看，高智晟在法律方面的探索和實踐，也是當今中國最權威的人士，是最頂尖的法律人才，在治理國家的能力上，絕不遜於習近平，可謂當仁不讓。而且高智晟內心善良，連酷刑折磨他的中共警察和官員，他都抱著沒有怨恨的心理來對待，希望能以自己的力量拉這些人一把，使這些紅朝酷吏們也可以有贖罪和進入未來中國的機會。在高智晟新書《2017 起來中國》中，高智晟對待這些酷吏的善良令人為之動容，感佩不已。高智晟所具有的道德、胸懷、才華、經歷，已使他完全具備了在未來以最高領導人來治理國家的資格。

根據《推背圖》的預言，習近平和高智晟，這兩個陝西人，一個以體制內第一人的身分，一個以民間第一人的身分，將各自履行自己的歷史使命。習近平具有的紅二代身分，使他可以取得中共總書記大位，具備了覆滅江澤民反人類集團、完成歷史使命

的權力基礎；而高智晟來自民間，且熟讀法律，在中共暴政下擁有了豐富的維護人權和法治的司法實踐，則更能體察民間疾苦，洞悉社會在各個制度層面的漏洞，這使他具有了在未來治理國家的更寬闊的社會視野和專業學識。兩人的經歷正是中國在當前和未來兩個時代、完成千年未有之歷史巨變所必需的。

第二節

拋棄中共
習近平可望名垂青史

中國時局正發生前所未有的演變，中華民族到了轉折關頭。習近平如能順天而行，拋棄中共，挽救民族危機，將可名垂青史。（AFP）

【編按】本文是《大紀元》編輯部於 2015 年 10 月 13 日習近平訪美時的一封公開信，轉載如下，對今後大陸政局的走向具有參考價值。

中華民族到了一個轉折的關頭。中共百年的蹂躪、羞辱和毀壞，讓中華民族處於深深的危機中。如何溯本清源，制止中共對民族和百姓的迫害，變得越來越迫切。與此同時，中國時局正發生著前所未有的演變。在這個特殊的時代，豪傑之士順應時勢之舉將令其青史留名，也會帶動中華民族走向光明。習近平以其現在的特殊位置，有著近水樓臺的優勢，如能順天而行，拋棄中共，挽救民族危機，將可名垂青史。中華民族在拋棄中共之後，也必

將迎來真正的復興和中華盛世。

共產黨迫害中華民族

中華民族是個幸運的民族，一直被神所眷顧和指引。歷經無數次的天災人禍和異族入侵、戰火洗禮，這個民族依然頑強地生存了五千年，而且創造出了輝煌的文化——神傳文化。那些洞觀天地的覺者、雄才大略的君王、運籌帷幄的將軍、所向披靡的勇士、風流儒雅的文人留下了人們思索不盡的智慧和回味無窮的傳奇。忠孝仁義等價值觀，讓中國人民風淳厚，順乎自然地生活。

中華民族又是不幸的，自上世紀二十年代，共產邪教傳入中國，不僅造成了八千萬到一億中國人的死亡；更惡劣的是，中共從破壞宗教開始摧毀中國人的價值觀；隨之又在文革時，從器物層面毀滅中國的典籍、文物、廟宇、古蹟，以達到徹底毀滅中華文化的目的。

中華民族本身並不是一個人種的概念而是一個文化的概念，因此漢族和不同的少數民族才統稱為中華民族。中共對中華文化的滅絕政策，實際上就是對中華民族的民族滅絕政策。

中華民族又是幸運的，因為 1992 年，法輪大法的創始人李洪志先生將萬古久遠的宇宙智慧，以直白淺近的中文講給了中國人。法輪大法「真、善、忍」涵蓋了古老中國文化的精髓。這使得中國人有機會在傳統信仰和文化瀕臨滅絕之際，重建了與神的聯繫，重樹信仰體系，也重新找回了自己文化的根。當時中共官方報導有七千萬到一億人在修煉法輪功，這些人不僅身體在恢復健康，道德也在昇華，這其實也是給中共一次選擇的機會，即如

果中共不鎮壓法輪功，它也會從中受益。

中華民族又是不幸的，中共前黨魁江澤民，夥同其爪牙曾慶紅、李嵐清、羅干、周永康、薄熙來之流開始了對法輪功修煉者慘絕人寰的鎮壓。江澤民利用中共邪教集團對「真、善、忍」正信的打壓，對法輪功學員實行的群體滅絕政策，乃至活摘法輪功學員的器官牟利，就是在試圖斬斷中華民族曾經賴以生存、繁榮、賡續的源泉——正信、道德以及和神的聯繫，也是欲徹底毀滅中華民族。

共產黨的出現，及其對中華民族的迫害，都有著深層的歷史原因。這是中華民族一段苦難的歷程，也是一個鍛造英雄、浴火重生的過程。

今日之中國，古風不再。文化崩壞、信仰失落，最終顯化為生態危機、經濟危機、政治危機和社會危機——土壤、空氣和江河的污染，社會上腐敗公行和黑箱作業，有權勢者利用權力掠奪民間的財富，對國家政治和社會前途的不安全感引發的大規模資金外逃，無處不在的有毒食品、人人精神緊張防範被騙，這樣的民族不可能有光明前途。

逮捕江澤民是走出困境的第一步

上述亂象究其根本，在於中共體制以及中共江澤民集團以傾國之力發動的對億萬「真、善、忍」修煉者的漫長迫害。從這個角度看，逮捕江澤民政治流氓集團和拋棄中共，是挽救中華民族危機必要的第一步，也是習近平是否能順利施政、實現自己理想的關鍵。

事實上，江澤民自「六四」上臺後至今，從未真正退出中共高層權力核心。江澤民通過其在「17 大」政治局常委的要員周永康、賈慶林、李長春、吳邦國，以及江澤民安插在軍委高層的親信郭伯雄、徐才厚等挾制了胡、溫政府，讓胡、溫「政令不出中南海」；「十八大」習近平上臺後，江澤民集團一直通過暗殺、恐怖等手段，企圖暗殺習近平，重新奪回控制中國最高層的權力。

自 2012 年王立軍夜奔美國領事館開始，我們看到的不僅是一場宮廷大戲，而是惡貫滿盈的江澤民集團開始遭受全面報應的過程。從薄熙來、李東生、徐才厚、周永康再到郭伯雄，以致地位岌岌可危的劉雲山、張高麗、張德江、曾慶紅和江澤民，這些造下彌天大罪的劊子手，正在習近平的反腐戰役中被全面清理和清算。

習近平上臺後廢止了勞教制度，這是江澤民集團用以鎮壓法輪功的最趁手武器；審判了薄熙來，斷了江澤民集團的接班香火；通過成立國安委和清洗江澤民的軍中人馬，斷絕了江澤民通過兵變奪權的可能；抓捕李東生和周永康，基本癱瘓了「610 辦公室」的上層運作。當前在文宣和經濟領域的反腐，則是全面收回江系掌握的經濟資源和話語權。

從習近平的出招看來，步步為營，層層推進，整個行動經過周密的計畫、布署和實施，若無堅定決心和相當的政治智慧及操作手腕，斷然無法為之。而江系幕後的大佬如曾慶紅、江澤民，以及大小嘍囉如李長春、羅干之流，也因此感到了不寒而慄的末日恐懼。

在中共的歷史上，最高權力的爭奪一定是凶險絕倫、刀刀見血、你死我活的。面對江澤民政變集團，如果習近平不能把江澤

民繩之以法，不僅等於自己在政治和肉體上的自殺，也把自己的家人和朋友置於險境。

面對反腐攻勢，江系人馬一直試圖製造事端，攪亂中國社會，只要把江澤民抓起來，停止對無辜百姓的迫害，中國社會很快就會平靜。

當下的中國，幾乎無人不罵江澤民，目前已經有超過 18 萬法輪功學員向高檢和高法提起對江澤民的刑事控告。清算江澤民的反人類罪行，方可終結中國大陸的人權災難和清理貪腐集團的總後臺，也是讓中國社會走向穩定的關鍵，實為順天應人之舉。

中華民族和習本人一定要拋棄中共

在抓捕江澤民後，習近平還必須做的一件事，就是拋棄中共。因為中共體制本身，就是邪惡的最大製造者與庇護所。它將繼續危害中華民族，並成為對習近平迫在眉睫的威脅。

習近平上臺後的經濟改革等措施因在中共體制內實施，這注定了在中共內部的任何改革都不可能成功。由於中國廣大民眾對中共已徹底失去信心，導致習近平政權在中共內的經濟改革都遭遇強大的阻力。中國民眾對中共嚴重的不信任、不配合，致使習近平政府在經濟上遭遇嚴重危機，由於經濟無法保持持續高增長，中國正處於巨大的危機中，同時也給世界帶來危機。

習近平在清理江澤民派系的人馬中，無論是黨內、軍隊、政界、商界還是外交、國安、公安、文宣等系統，都得罪了無數既得利益的人。江澤民「腐敗治國」的理念造成「無官不貪」的官僚集團，也對習心存怨恨。所幸由於江系惡貫滿盈，名聲極壞，

習的行動深得民心。也因江澤民迫害佛法，罪業彌天，習的行動順天而為，也必得到天意眷顧，所以有驚無險，走到今天。

不可否認的是無論是清理血債幫，還是反腐，在習近平掌握最高權力的時候，政敵們可以隱忍不發，但當習將來一旦離開大位，政敵的反撲會成為必然，甚至將習本人抹黑成腐敗分子或劊子手，也輕而易舉。屆時不僅是習本人，恐怕整個家族都將身陷囹圄。

更為嚴重的是，正如《九評共產黨》指出的，中共是個邪教集團，背後有邪靈（馬克思在《共產黨宣言》的第一句話中將其稱之為幽靈），因此必定會反天理、反自然、反人性、反宇宙。

如果繼承了共產黨這個名號，接管了「黨組織」這張皮相，最高領導人就不得不背負中共的血債，延續反天理的意識形態，繼續中共毀滅中華民族信仰和文化以至最終毀滅中華民族的任務。不願意為此者，如胡耀邦和趙紫陽，其下場就是被打倒和軟禁至死；抑或如胡錦濤、溫家寶者，倍受江澤民的鉗制，飽受屈辱難有作為。

從過去六十多年的歷史看，習近平沒有第三條路可走，要麼全面繼承中共血債並為中共續命而欠下新的血債；要麼拋棄中共，將中國帶入自由。以習近平的抱負與智慧，當不至於甘心為惡，留下千古罵名。

習近平應當意識到，習近平是習近平，中共是中共，二者完全可以脫開關係。中華民族的繁榮昌盛無需依靠中共，中華兒女發揮才智實現夢想，也不需依靠中共。正如中華民族五千年的輝煌歷史，都與中共沒有任何關係。相反，中共成為中國社會與民眾的枷鎖、牢籠與最大發展的障礙。拋棄中共，無論從民族大義

還是個人安危考慮，都應成為習近平簡單且必然的選擇。

只有當中國變成一個自由社會，有了獨立的司法、獨立的新聞機構，習近平才能避免被政敵誣陷的可能，才能保障家人的安全。同時，如果習近平拋棄中共，這份偉大的勳業將永垂青史，即使習過去在中共體制下曾有違心之舉，也必然得到全民的理解和寬容。

中華民族也必須要拋棄中共，擺脫這個邪靈的附體。這不僅意味著徹底拋棄中共的各級組織，更需要在意識形態領域全面拋棄中共的黨文化，恢復真正的民族文化。

習近平有機會成為第一任民選總統

在逮捕江澤民，結束對法輪功的迫害以後，習近平的歷史地位已與發布《米蘭敕令》結束對基督徒三百年迫害的君士坦丁大帝相若。但習近平所能做的，還不止於此。

習近平可以在政治、經濟和文化層面，推動中華民族的全面復興，洗雪中國自鴉片戰爭以來的近、現代化過程中所遭受的頓挫屈辱和深重苦難。

在政治層面，習近平可以開放黨禁、報禁和公民結社。如果未來中國採取民主政體，習近平將因拋棄中共的巨大貢獻而得到民眾擁戴，成為第一任民選總統，開創近代中國罕見之新局面。那時，習近平也會贏得世界的讚譽和尊重。

在經濟層面，習近平在穩定中國政局之後，以中國人的吃苦耐勞和聰明才智，以及很多移民海外的華人回流中國，帶來資金、技術，中國的經濟會在保護環境和尊重人權的基礎上健康發展，

很快就可以再次騰飛。

在文化層面，曾經公開發表談話稱「『去中國化』很悲哀」，不贊成從小學課本刪除古典詩詞的習近平也表現出對中華傳統文化的支持。而這些傳統文化，正是使中國人成為中國人的原因。恢復傳統文化，也就是在復興中華民族。

中共作為一個邪教集團，其邪教意識形態必須進行全民反思和清理。這也是習近平可以推動的一項工作，讓這一邪說永不再為禍世間。

習近平可以利用現在的地位，全面保護中共的檔案和文件，以備未來還原真實歷史。

其他如教育、醫療、社會保障、環境保護等諸多方面百廢待興。

結語

停止迫害法輪功、逮捕江澤民的機會已經成熟，全國上下無數民眾都準備好鞭炮準備慶祝這個時刻的到來。

放眼世界，拋棄共產邪教正是人心所向，大勢所趨。目前中國已經有兩億多人聲明退出中共的「黨、團、隊」組織，前共產黨國家有的禁止共產黨的存在，有的在全面清理共產意識形態的流毒。

共產黨在中國已經惡名昭彰，人人唾罵。它是迫害人類的魔，也是為迫害和毀滅中華民族而來，其背後有著歷史的深層原因。中華民族是一定要拋棄中共的，它絕不能作為黨派參加未來自由中國的民主選舉。它的可恥下場是迫害法輪功的江澤民所一手促

成的，也是其對中華民族犯下滔天罪惡的因果所致。

如果習近平能拋棄中共，完成中華民族和平轉型的偉業，將會得到民眾的擁戴和國際社會的讚譽，這是他個人的榮耀，也是中華民族的榮幸。

中華民族是一個偉大的民族，歷史潮流浩浩蕩蕩，順之者昌，逆之者亡。歷史也給了習近平一個至為難得的機遇，端看習近平能否把握，以及對他本人歷史定位的期許。

第三節

十月革命百年之際
學者憂心中國未來

「如果有人問我當選總統後要做什麼，那麼我要做的第一件事就是簽署法令把列寧的遺體從紅場上移走。」

這是 2017 年參加俄國總統競選的女候選人克謝尼婭・索布恰克，於 10 月 27 日在烏拉爾地區首府葉卡捷琳堡的一個集會上的演說。那天距離十月革命一百周年紀念日只有十天。

一百年前的 11 月 7 日，俄國人列寧把德國人馬克思的理論轉成實際行動，在俄國革命經歷了二月革命後的第二個階段，推翻了以克倫斯基為領導的俄國臨時政府，建立布爾什維克共和國。

中國民間思想家、獨立學者王康描述說，列寧領導的布爾什維克十月革命，是以馬克思的名義，把馬的那套共產主義理論變成了一種國家制度與意識形態，實現了一黨專政的合法性。

「就是要用暴力革命來推翻一切現存的社會制度，同時和傳統的觀念實行最徹底的決裂。而馬克思的那套理論本身就是一種以人類為敵、以人的文明為敵的學說。」王康認為，共產主義與

二戰時期德國納粹希特勒的唯一區別在於，希特勒是用種族的滅絕來實現他的德意志帝國，而馬克思是用所謂的無產階級、工人階級來消滅資本家、地主、貴族、傳統僧侶、普通人，來實現所謂的共產主義。

「它（共產主義）的罪很大，這個罪就是分裂人類、消滅人類。」王康說。

他表示，馬克思所說的人類歷史就是階級鬥爭的歷史，一旦這種理論變為一種事實、實踐、運動甚至是國家制度，就會給國民帶來巨大災難。他舉例說，蘇聯存在的七十多年中，死於非命的俄國人起碼是四千萬以上。「這在俄國的歷史上從來沒有過，中國死的人數更大，另外北韓、柬埔寨，所有社會主義國家通通都是如此，這是必然，沒有任何例外。」

同時，王康表示，馬克思的那套共產主義理論還要推翻所有人類的文明，比如基本的自由、民主、私有制、國家權力的制衡等保障人類文明的體系，「通通都是要推翻，通通都是要砸爛。」

王康認為，在這個過程中，共產黨還在不斷地使用欺騙手段，不過也會引發民眾的反抗。例如，俄國十月革命之前發布了若干法令，承諾把土地分給農民，但是等共產黨掌權後，就完全背叛了他們革命前的初衷——和平、土地、麵包……

「列寧在十月革命的第二天（1917 年 11 月 8 日）頒布的土地法令，就明確地背叛了他們的承諾，一切俄國的土地、礦山、森林、河流通通屬於國家，全部都國有化，這樣俄國的農民實際上是被大大地欺騙了。」王康說，「其實，所有的社會主義國家，包括中國在內，都是走這個道路。」

當農民發現被騙後，就要反抗。這時，共產黨就出動武力鎮

壓。王康介紹說，當時最明顯的一件事是 1921 年春天蘇聯爆發的喀琅施塔得水兵的軍事起義。原本參與十月革命的士兵，因為看到共產黨完全背信棄義，就要求共產黨退出軍隊、釋放政治犯、兌現他們的承諾，結果，列寧派了四萬多軍隊去鎮壓，「一共打死了一萬多的水兵，極其慘忍。」

王康還提到 1936 年、1937 年、1938 年，斯大林因為搞個人獨裁崇拜，一次又一次發動黨內大清洗：把當時跟列寧幹事情的人不是槍決就是刺殺。「這一套在中國也一樣，彭德懷、林彪、劉少奇……都是死於非命。既包括它的階級敵人、地主資本家、貴族，同時也必然在殺完所謂的階級敵人之後，進行黨內的鬥爭，也是極其血腥、極其殘酷的。」

至於共產主義的現狀與未來，王康表示，現在東歐很多國家嚴禁出現馬克思列寧主義、鐮刀斧頭及共產主義的一些符號，「出現是要作為刑事犯罪的。」而中共，他認為目前執政者依舊會緊緊抓住共產黨的權利合法性及其權力來源——財富與意識形態不放。

「要是直接說共產黨完全是一個篡奪天下、篡奪國家的土匪幫政權的話，那共產黨的權力、財富馬上就會消失掉了，所以在中華人民共和國之內——他們統治的中國裡面，他們絕對不會放棄馬列主義。」王康說。

當年的十月革命讓俄國變成了蘇維埃聯邦社會主義共和國，它作為國家形式存活了七十四年。而目前在世界上僅剩下的幾個共產主義國家中，中共建政已有六十八年，與蘇聯相比差六年。

王康表示，在這未來的六年中，中國有兩種截然相反的可能性結局：一個是走向憲政民主，一個是重走蘇聯老路。王康認為

後者是一條死路，而前者則需要中國人覺醒才能實現。

「中國未來何去何從，將是人類的一個難題。」王康說。

其實，這也是每個中國人要面臨的難題，選擇什麼，就決定了我們未來的生與死、興與衰，值得細細思量。

中國大變動系列 **060**

十九大接班人缺位之謎

作者：王淨文 / 季達。**執行編輯**：張淑華 / 余麗珠。**美術編輯**：吳姿瑤 。**出版**：新紀元周刊出版社有限公司。**地址**：香港荃灣白田壩街5-21號嘉力工業中心A座16樓03室。**電話**： 886-2-2949-3258（台灣）852-2730-2380（香港）。**傳真**：886-2-2949-3250（台灣）/ 852-2399-0060（香港）。**Email**：newepochservice@gmail.com。**網址**：shop.epochweekly.com。 **香港發行**：田園書屋。**地址**：九龍旺角西洋菜街56號2樓。**電話**：852-2394-8863。**台灣 發行**：高見文化行銷股份有限公司。**地址**：新北市樹林區佳園路二段70-1號。**電話**： 886-2-2668-9005。**規格**： 21cm×14.8cm。**國際書號** ： ISBN978-988-77342-3-9。**定價**： HK$128 / NT$400 / KRW$20,000 / US$29.98。**出版日期**：2017年11月。

新紀元
NEW EPOCH WEEKLY

www.ingramcontent.com/pod-product-compliance
Lightning Source LLC
Chambersburg PA
CBHW020510270326
41926CB00008B/812